ISBN 0-941676-29-3   U.S.$15.95

51595>

Wei-Chuan Cooking School was founded in 1961 as a subsidiary of Wei-Chuan Food Corporation, the largest food manufacturer in Taiwan. The school soon became the largest and most respected institution of its kind along the Asia-Pacific rim. Graduates include world-class chefs, institutional teachers, professional caterers, connoisseurs of Chinese and international cuisines as well as many homemakers.

As Wei-Chuan's reputation grew, requests came from all over the world for guidance and information relative to the recipes used in the cooking classes. In an effort to meet this demand, **Chinese Cuisine** was written and published in 1972. The book was very successful and became the first in a series of Wei-Chuan Cookbooks. Wei-Chuan Publishing was founded later that same year in Taipei with a branch subsequently established in the U.S.A. in 1978.

Wei-Chuan, long recognized as publishing the most comprehensive Chinese cuisine cookbooks, has now expanded its recipes to include other cuisines from around the world.

Wei-Chuan's success can be attributed to its commitment to provide the best quality product possible. All recipes are complemented by full color photographs. Each recipe is written simply with easy-to-follow instructions and precisely measured ingredients. Wei-Chuan stands behind its name, reputation, and commitment to remain true to the authenticity of its recipes.

La Escuela de Cocina Wei-Chuan fue fundada en 1961 como subsidiaria de Wei-Chuan Food Corporation, fabricante de comida más grande en Taiwán. La escuela pronto se convirtió en la institución más grande y respetada de su clase en el aro del Pacífico-Asiático. Nuestros graduados incluyen chefs reconocidos mundialmente, profesores institucionales, abastecedores profesionales y conocedores de cocina china como también amas de casa.

Mientras la reputación de Wei-Chuan creció, se recibían solicitudes de todas partes del mundo pidiendo consejos e información pertinentes a las recetas usadas en las clases de cocina. En un esfuerzo para satisfacer este requerimiento, **Chinese Cuisine** *fue escrito y publicado en 1972. El libro fue un gran éxito y el primero en una serie de Libros de Cocina de Wei-Chuan. La casa editorial Wei-Chuan fue fundada, luego ese mismo año en Taipeh, seguida por una sucursal establecida en E.U. en 1978.*

Los libros de cocina Wei-Chuan ahora se reconocen como los libros más completos en el campo de la cocina china. Los proyectos presentes de Wei-Chuan incluyen nuevos libros que cubren la cocina de todo el mundo.

El éxito de Wei-Chuan se debe a su compromiso en proveer el producto de más alta calidad posible. Casi todas las recetas se complementan con fotografías a todo color. Cada receta está escrita con instrucciones fáciles de seguir y con ingredientes meticulosamente medidos. Wei-Chuan respalda su nombre, su reputación y su compromiso en mantenerse fiel a la autenticidad de sus recetas.

MEXICAN
COOKING MADE EASY

COMIDA
MEXICANA FACIL DE PREPARAR

Diane Soliz-Martese

WeiChuan

AUTHOR: Diane Soliz-Martese
COLLABORATOR: Sylvia Soliz-Martese Brown

CHIEF EDITORS: Dave Connell
Su-Huei Huang
TRANSLATOR: María Teresa Aguirre
Sylvia Jiménez Andersen
Paul Andersen
EDITORIAL STAFF: John Holt, Yen-Jen Lai,
Lynette In

PHOTOGRAPHER: Aki Ohno
ART DIRECTION: F. Chang
COVER DESIGN: Jean Chu
BOOK DESIGN: Chin Ong

PRINTED IN TAIWAN
Jin-Long Printing Co.,ltd

WEI-CHUAN PUBLISHING
1455 Monterey Pass Rd., #110
Monterey Park, CA 91754, U.S.A.
Tel: (323) 261-3880 • (323) 261-3878
Fax: (323) 261-3299
www.weichuancookbook.com
wc@weichuancookbook.com

FIRST PRINTING: OCTOBER 1992
8TH PRINTING:June 2005(8-7-0)
ISBN 0-941676-29-3 (English/Spanish)
ISBN 0-941676-32-3 (Chinese/English)

AUTORA: *Diane Soliz-Martese*
COLABORADORA: *Sylvia Soliz-Martese Brown*

JEFES DE REDACCÍON: *Dave Connell*
Su-Huei Huang
TRADUCTORES: *María Teresa Aguirre*
Sylvia Jiménez Andersen
Paul Andersen
CUERPO DE REDACCIÓN: *John Holt*
Yen Jen Lai, Lynette In

FOTÓGRAFO: *Aki Ohno*
DIRECCIÓN ARTÍSTICA: *F. Chang*
DISEÑO DE LA PORTADA: *Jean Chu*
DISEÑADOR DEL LIBRO: *Chin Ong*

Contents

Contenido

A Word About Diane Soliz-Martese

Diane acquired her cooking skills as a natural part of her heritage. As the daughter of Mexican born Lucia Soliz and Italian-American John Martese, she had the unique opportunity to learn the traditional meals of both countries in a very special way. Her father, John, was the owner and Master Chef for many years of the well known and popular El Zorro restaurant in Lake Tahoe, California.

Diane has spent many years perfecting the culinary skills she developed under her parents guidance, and many of the recipes in this book come from her father's collection. When added to those of her sister's, together with recipes from Latino friends, **Mexican Cooking Made Easy** offers a truly great compendium of tasty and authentic recipes to be enjoyed by all.

As always, Diane welcomes constructive comments, additions, and suggestions from her readers.

Dedication

This book is dedicated to my father, John (Juan) Martese, who developed my early interest in Mexican and Italian cooking and for many of his recipes which appear in this book.

Algunas palabras sobre Diane Soliz-Martese

Diane adquirió sus habilidades culinarias como algo natural de su herencia. Como hija de Lucía Soliz, mexicana de nacimiento, y John Martese, norteamericano de ascendencia italiana, tuvo la singular oportunidad de aprender los platos tradicionales de ambos países en una forma muy especial. Su padre, John, fue el dueño y principal chef por muchos años del popular y muy bien conocido restaurante El Zorro en Lake Tahoe, California.

*Diane ha pasado muchos años perfeccionando los conocimientos culinarios desarrollados bajo la dirección de sus padres, y muchas de las recetas en este libro provienen de la colección de su padre. Al agregar a ésas, las recetas de su hermana junto a las de amigos latinos, **Comida Mexicana Fácil de Preparar** ofrece un compendio verdaderamente exclusivo de auténticas y sabrosas recetas que serán del gusto de todos.*

Como siempre, Diane acepta comentarios constructivos, adiciones y sugerencias de sus lectores.

Dedicatoria

Este libro es dedicado a mi padre, John Martese, quien despertó mi temprano interés en las cocinas mexicana e italiana y por tantas recetas suyas que aparecen en este libro.

Introduction

This book provides recipes for a cross section of authentic basic and exotic Mexican dishes. The recipes are kitchen tested and beautifully illustrated, and the instructions are concise and easy to follow.

Mexico is a large country and the people do not have just one way to prepare foods, variations abound from area to area. These variations allow you to select the type and amount of seasonings most suited to your taste. Certain foods are basic to Mexican cuisine such as: corn, beans, rice, flour, chili peppers, cheese, beef, pork, chicken and seafood. These items are combined with each other, or other foods and seasonings to make a wonderful variety of dishes. For example, tortillas (a flat type of bread) made from either corn or wheat flour are used one way or the other with almost every meal and chilies are used in various ways, both as a food and as a seasoning.

We know you will have a wonderful time preparing and eating these tasty, healthy, and interesting dishes. Have fun!

Introducción

Este libro ofrece una muestra exclusiva de platos populares, exóticos y auténticos de la comida mexicana. Las recetas, bellamente ilustradas, han sido demostradas en la cocina y las instrucciones son concisas y fáciles de seguir.

México es un extenso país y su gente tiene más de una forma para preparar su comida. Las variaciones abundan de un lugar a otro. Esta variedad les permitirá a ustedes seleccionar la clase y cantidad de sazón que más se acomode a su gusto. Ciertos ingredientes son básicos de la cocina mexicana. Algunos de ellos son: maíz, frijoles, arroz, harina, chiles, queso, carnes de res, puerco, pollo, pescados y mariscos. Estos ingredientes son combinados entre sí, o con otros comestibles y aliños para crear una considerable variedad de platos. Por ejemplo, las tortillas (especie de pan aplanado) hechas de harina de trigo o maíz son usadas en una u otra forma con casi todas las comidas y los chiles son usados en diversas formas como una comida y como un aliño.

Es recomendable que ustedes lean la receta completamente para asegurarse que tienen todos los ingredientes listos antes de empezar su preparación. Estamos seguros que ustedes pasarán un tiempo estupendo preparando y saboreando estos nutritivos, deliciosos y atractivos platos. ¡Qué se diviertan!

Coversion Table   *Tabla de Conversión*

1 cup (1 c.) = 236 c.c.
taza (tz.)

Tablespoon (1 T.) = 15 c.c.
cucharada (C.)

1 teaspoon (1 t.) = 5 c.c.
cucharadita (c.)

Preparing Chilies for Use

Fig. 1

Obtain quantity and type of chilies needed for recipe being prepared, (Fig. 1). In this book fresh California (Anaheim) chilies are most commonly used and are referred to as "green chilies". Canned whole or diced green chilies can be used instead of fresh. Persons desiring a hotter seasoning may use jalapeno or serrano chilies.

WARNING - Chilies contain capsaicin oil which irritates skin and eyes. This oil concentrates in the ribs which hold the seeds. Clean chilies in running water.

1 Roast chilies over open flame, or place on griddle (comal) or skillet (Fig. 2) over high heat, or broil in oven. Turn chilies frequently until skin is charred and blistered. Put roasted chilies in plastic bag (Fig. 3), close and allow to steam until cool. Scrape off skin (Fig. 4) and lightly rinse.

Fig. 2

2 When making Chile Rellenos, leave stems and tips attached, cut small slit down side of chilies to remove ribs and seeds (Fig. 5). For other recipes, cut off stems and tips, open and remove ribs and seeds. Any parts left in add "heat" to your preparation. Return to recipe requiring prepared chilies.

Preparación de Chiles para Cocinar

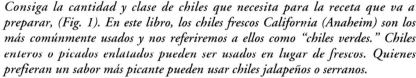

Fig. 3

Consiga la cantidad y clase de chiles que necesita para la receta que va a preparar, (Fig. 1). En este libro, los chiles frescos California (Anaheim) son los más comúnmente usados y nos referiremos a ellos como "chiles verdes." Chiles enteros o picados enlatados pueden ser usados en lugar de frescos. Quienes prefieran un sabor más picante pueden usar chiles jalapeños o serranos.

¡Cuidado! - Los chiles tienen capsaicina, aceite que irrita la piel y los ojos. Este aceite se concentra en la nervadura que sostiene las semilla. Lave los chiles en agua corriente.

Fig. 4

1 Ase los chiles directamente sobre las llamas o a fuego alto en un comal o sartén (Fig. 2) o al horno. Voltéelos frecuentemente hasta que la piel se raje y esté negra como carbón. Ponga los chiles asados en una bolsa plástica (Fig. 3), ciérrela y deje evaporar. Cuando estén fríos, quíteles la piel (Fig. 4) y enjuáguelos ligeramente.

Fig. 5

2 Cuando prepare Chiles Rellenos déjeles el tallo y la punta. Haga un pequeño corte hacia abajo en un lado para remover nervaduras y semillas (Fig 5). Para otras recetas, corte los tallos y las puntas, abra y remueva nervaduras y semillas. Cualquiera parte dejada adentro agregará "ardor" a su preparación. Vuelva a la receta que requiera chiles ya preparados.

A

Ⓐ Enchilada Sauce ▼ *Salsa de Enchiladas*

3¹/₂ c. tomato sauce	3¹/₂ tz. salsa de tomate
¹/₂ c. chopped onions	¹/₂ tz. cebolla picada
1 T. chili powder	1 C. chile en polvo
1 t. paprika, ¹/₂ t. salt	1 c. paprika, ¹/₂ c. sal
¹/₄ t. ea: ground cumin, oregano	¹/₄ c. c/u: comino molido, orégano
1 garlic clove, minced	1 diente de ajo, picado
¹/₂ c. shredded cheddar cheese	¹/₂ tz. queso Cheddar rallado

(items marked **1**)

1 Stir **1** in pan 10 minutes over medium heat. Add cheese, reduce heat, and simmer uncovered 10 minutes. Stir occasionally so cheese does not stick. Serve warm. This mild sauce is also good on tamales, burritos, and eggs.

1 *Revuelva* **1** *en una sartén por 10 minutos a fuego moderado. Agregue el queso, baje el fuego y cocine sin tapar a fuego lento por 10 minutos. Revuelva ocasionalmente para que el queso no se pegue. Sirva tibia. Esta salsa también es deliciosa sobre tamales, burritos y huevos.*

Chili Sauce ▼ *Salsa de Chile*   makes 3 cups • *3 tazas*

3 oz. (85g) dried California chili pods	3 oz. (85g) chile California seco, entero
3 c. water, 1¹/₄ t. salt	3 tz. agua, 1¹/₄ c. sal
1 garlic clove, minced	1 diente de ajo, finamente picado
¹/₄ t. ground cumin	¹/₄ c. comino molido

(items marked **1**)

1 Soak chilies in hot water 10 minutes, remove stems and seeds. Place chilies in blender with **1** mix well 5 minutes. Put chili mixture in pot, bring to boil. Can be used instead of enchilada sauce in most recipes. Also used to season meats during cooking. An even hotter chili sauce can be made by using New Mexico or other hotter types of dried chilies.

1 *Remoje los chiles en agua caliente por 10 minutos, quíteles los tallos y las semillas. Póngalos en la licuadora* **1** *, mezcle bien por 5 minutos. Ponga la mezcla de chile en una ollita, caliente hasta que hierva. Puede ser usada en lugar de salsa de enchiladas en la mayoría de las recetas. También se usa para sazonar carnes mientras se cocinan. Se puede preparar una salsa mucho más picante usando chiles Nuevo México u otros tipos de chiles picantes.*

A

B

Ⓐ Ranchero Sauce ▼ *Salsa Ranchera*

1	2 c. chopped tomatoes ¹/₄ c. water		1	2 tz. tomate picado ¹/₄ tz. agua
2	1 T. chopped onions ¹/₂ t. salt, ¹/₈ t. pepper ¹/₄ t. ea: cumin, sugar		2	1C. cebolla picada ¹/₂ c. sal, ¹/₈ c. pimienta ¹/₄ c. c/u: comino, azúcar

1 Cook 1 uncovered over medium heat until tomatoes soften. Mash tomatoes, add 2 and stir until well blended. Remove any skins. Serve warm. Great on tamales, enchiladas, and eggs to add flavor.

1 *Cocine 1 sin tapar a fuego moderado hasta que los tomates estén blandos. Muela los tomates, agregue 2 y revuelva hasta que estén bien mezclados. Remueva cualquiera cáscara. Sirva tibia. Deliciosa para aumentar sabor sobre tamales, enchiladas y huevos.*

Ⓑ Chili Cream Sauce
Salsa de Crema de Chile

	¹/₄ c. butter		¹/₄ tz. mantequilla
1	1 c. milk, ¹/₂ t. salt 1¹/₂ c. chicken broth	1	1 tz. leche, ¹/₂ c. sal 1¹/₂ tz. caldo de pollo
	¹/₂ c. all-purpose flour ¹/₂ c. diced green chilies, see p.7		¹/₂ tz. harina ¹/₂ tz. chile verde picado en cuadritos, p. 7

1 Melt butter in pan over low heat, add 1 . Slowly add flour stirring until blended. Increase heat to medium, add chilies. Cook and stir about 10 minutes until sauce has a creamy texture. Serve warm. Great over zucchini enchiladas.

1 *Derrita la mantequilla en una sartén a fuego lento, agregue 1 . Lentamente agregue la harina revoliendo hasta que esté mezclado. Suba a fuego mediano, agregue el chile. Cocine y revuelva por 10 minutos hasta que la salsa esté cremosa. Sirva tibia. Deliciosa sobre enchiladas de calabacitas.*

Fig. 1

Fig. 2

A

B

2 lbs. (900g) husked
tomatillos* (Fig. 1)
4 green chilies, 6" (15cm)
long, see p.7

1 c. chopped onions
1 ¹/₂ c. chopped cilantro
¹/₂ t. salt, 2 T. oil

*2 lbs. (900g) tomatillos **
(Fig. 1)
4 chiles verdes de 6" (15cm)
de largo, p. 7*

1 *1 tz. cebolla picada*
¹/₂ tz. cilantro picado
¹/₂ c. sal, 2 C. aceite

Ⓐ Green Sauce ▼ *Salsa Verde*

🌶 A mild sauce for general use and salads. 🌶

1 Put tomatillos in pot with 1 c. water. Bring to boil, reduce heat, cover and simmer 10 minutes until tender, remove. Retain liquid. Remove stem and stem base from tomatillos. Put retained liquid, prepared chilies, tomatillos, and 1 (Fig. 2) in blender and mix until smooth. Best served warm over chicken enchiladas.

* Canned cooked tomatillos are usually available in markets.

🌶 *Salsa suave para ensaladas y uso general. 🌶*

1 *Ponga los tomatillos en una olla con 1 tz. de agua. Cuando hierva, baje el fuego y cocine lentamente por 10 minutos. Sáquelos cuando estén blandos. Guarde el agua. Remueva la base y los tallos de los tomatillos. En la licuadora ponga el agua que guardó, los chiles preparados, tomatillos y 1 (Fig. 2) y bata hasta que esté suave. Es mejor servirla tibia sobre enchiladas de pollo.*

* *Tomatillos cocidos enlatados generalmente se encuentran en el mercado.*

¹/₂ c. finely shredded green
chilies, see p. 7
1 c. finely chopped tomatoes
¹/₄ c. chopped green onions
¹/₂ t. chopped oregano
leaves
¹/₂ garlic clove, minced
1 T. chopped cilantro
1 T. vinegar, ¹/₂ t. salt
1 t. vegetable oil

*¹/₂ tz. chile verde finamente
picado, p. 7
1 tz. tomate finamente picado
¹/₄ tz. cebollín picado
¹/₂ c. orégano fresco picado
¹/₂ diente de ajo picado
1 C. cilantro picado
1 C. vinagre, ¹/₂ c. sal
1 c. aceite vegetal*

Ⓑ El Zorro's Salsa ▼ *Salsa de El Zorro*

🌶 This salsa was a hot hit at El Zorro's 🌶

1 Mix 1 in bowl. Chill to enhance flavor. Serve with chips as a dip or use on eggs, tacos, fajitas, or almost any food for a spicy taste. For a hotter taste, use jalapenos or serrano chilies. Various types of salsas can purchased.

🌶 *Esta salsa fue un éxito en el restaurante El Zorro 🌶*

1 *Mezcle 1 en un tazón. Enfríe para aumentar el sabor. Sirva con tortillitas como dip o sobre huevos, tacos, fajitas, o casi cualquiera comida para darle un sabor picante. Para un sabor más picante, use chiles jalapeños o serranos. Diferentes tipos de salsa pueden ser comprados.*

A

B

Ⓐ Shredded Chicken ▼ *Pollo Deshebrado*

1 chicken, 3 lbs. (1350g)
¹/₂ c. chopped onions

☐1 **1 T. chili powder**
¹/₂ t. ea: ground cumin, salt
¹/₂ c. tomato sauce

1 Put washed chicken in pot and cover with water. Bring to boil, reduce heat, cover and simmer 1 hour until tender. Remove and cool. Save liquid (stock) for other uses. Remove chicken skin and coarsely shred meat. Heat 2 T. oil in skillet over medium heat. Add onions, saute until soft. Add ☐1 and chicken, mix well.

● Used in enchiladas, tacos, burritos, and tostadas.

1 pollo de 3 lbs. (1350g)
¹/₂ tz. cebolla picada

☐1 *1 C. chile en polvo*
¹/₂ c. c/u: comino molido, sal
¹/₂ tz. salsa de tomate

1 *Ponga el pollo lavado en una olla tapándolo con agua. Cocine hasta que hierva, baje el fuego, tape y cocine a fuego lento por 1 hora hasta que esté blando. Sáquelo y enfríe. Guarde el caldo para otros usos. Quítele la piel al pollo y deshebre la carne. Caliente 2 C. de aceite en una sartén a fuego moderado. Agregue la cebolla, sofría hasta que esté blanda. Agregue ☐1 y el pollo, mezcle bien.*

● *Usado en enchiladas, tacos, burritos y tostadas.*

Ⓑ Shredded Beef or Pork
Carne de Res o Puerco Deshebrada

2 lbs. (900g) lean beef or
pork roast (Fig. 1)

☐1 **1¹/₂ T. chili powder**
¹/₂ t. ea: ground cumin, salt
1¹/₂ c. beef broth

¹/₂ c. chopped onions

1 Braise meat in 1 T. oil over high heat. Put meat in pot with ☐1. Bring to boil, reduce heat, cover and simmer 2 hours until tender. Skim fat off juice and cut fat from meat. Coarsely shred beef or chop pork into small chunks. Saute onions with 3 T. oil until soft. Add meat, cook until brown. Add meat juice, mix well.

● Used in enchiladas, tacos, tamales, burritos, and chile rellenos.

2 lbs. (900g) carne para asar
de res o puerco (Fig. 1)

☐1 *1¹/₂ C. chile en polvo*
¹/₂ c. c/u: comino molido, sal
1¹/₂ tz. caldo de res

¹/₂ tz. cebolla picada

1 *Dore la carne en 1 C. de aceite a fuego alto. Ponga la carne en una olla y agregue ☐1. Caliente hasta que hierva, baje el fuego, tape y cocine a fuego lento por 2 horas hasta que esté blanda. Saque la gordura del jugo y quite la gordura de la carne. Deshebre la carne de res o corte el puerco en pedazos pequeños. Sofría la cebolla con 3 C. de aceite hasta que esté blanda. Agregue la carne, fría hasta que esté dorada. Agregue el jugo de la carne, revuelva bien.*

● *Usada en enchiladas, tacos, tamales burritos y chiles rellenos.*

Fig. 1

1. 2 lbs. (900g) ground chili meat*
　 ¹/₂ c. chopped onions
　 1 c. potatoes, ¹/₄" pieces (.5cm)

2. 1 c. tomato sauce
　 2 T. chopped parsley
　 2 T. chili powder
　 1 t. salt, ¹/₈ t. pepper

1. *2 lbs. (900g) carne tipo chili* *
　 ¹/₂ tz. cebolla picada
　 1 tz. papas en pedazos de ¹/₄ "(.5cm)

2. *1 tz. salsa de tomate*
　 2 C. perejil picado
　 2 C. chile en polvo
　 1 c. sal, ¹/₈ c. pimienta

A

B

Fig. 1

Fig. 2

Ⓐ Ground Beef Mixture
Mezcla de Carne de Res Molida

1 Place **1** in skillet over medium heat. Break up meat and fry until brown. Drain grease. Mix in **2**, reduce heat, simmer uncovered 10 minutes. Use in enchiladas, tacos, and chile rellenos.

* Chili meat is coarse ground lean beef (Fig.1). Regular ground beef (Fig.2) can be used.

1 *Ponga **1** en una sartén a fuego moderado. Desbarate la carne y fría hasta que se dore. Quite la grasa. Agregue **2**, baje el fuego, cocine sin tapar por 10 minutos. Use sobre enchiladas, tacos y chiles rellenos.*

* *Carne tipo chili es carne molida no finamente picada (Fig. 1). Se puede usar carne molida regular (Fig. 2).*

1 lb. (450g) ground pork (Fig.3)

1. 1 t. ea: salt, ground oregano
　 2 T. chili powder
　 ¹/₂ t. ground red pepper
　 1 garlic clove, minced
　 2 T. chopped onions
　 2 T. red wine vinegar

1 lb. (450g) puerco molido (Fig. 3)

1. *1 c. c/u: sal, orégano molido*
　 2 C. chile en polvo
　 ¹/₂ c. chile rojo molido
　 1 diente de ajo, finamente picado
　 2 C. cebolla picada
　 2 C. vinagre de vino tinto

Ⓑ Chorizo ▼ *Chorizo*

A spicy food similar to sausage used in many Mexican recipes

1 Break up pork in skillet, add **1** mixing over medium heat. Fry 15 minutes until thoroughly cooked. Drain excess grease. Use with egg, rice, and meat dishes to enchance taste.

● Ready-made link chorizo (Fig. 4) is found in most grocery meat departments; remove casing before use (Fig. 5).

Parecido a la salchicha picante usada en muchas recetas mexicanas.

1 *Desbarate la carne de puerco en una sartén, agregue **1** mezclando a fuego moderado. Fría por 15 minutos hasta que esté totalmente cocido. Quite exceso de grasa. Usado con huevos, arroz y guisos de carne para aumentar sabor.*

● *Chorizo ya preparado (Fig. 4) se encuentra en la mayoría de mercados en la sección de carnes. Quite la piel antes de usar (Fig. 5).*

Fig. 3

Fig. 4

Fig. 5

Flour Tortillas
Tortillas de Harina

makes 18 • *18 tortillas*

1. 4 c. all-purpose flour
   2 t. salt
   1 t. baking powder

2. ³/₄ c. shortening
   1¹/₂ c. warm water

   flour for handling

1. *4 tz. harina*
   2 c. sal
   1 c. polvo de hornear

2. *³/₄ tz. manteca*
   1¹/₂ tz. agua tibia

   harina para maniobrar

⁙ Tortillas as prepared in my Aunt's kitchen. ⁙

1. Mix 1, add 2, and mix. Place on lightly floured surface, knead until soft and smooth. Divide dough into 18 balls. Flatten each ball by hand. Use rolling pin to shape dough into thin 8" (20cm) circles (Fig.1). (Make 6" [15cm] size for soft tacos.)

2. Place tortilla on 400°F skillet, cook each side 45 seconds until lightly speckled. Use towel to push down any bubbles. Stack cooked tortillas under a dry towel. Serve warm.

● Served warm with most meals. Used to make burritos, quesadillas, tacos, enchiladas, casseroles, fajitas, and tostadas. Ready-made tortillas can be purchased (Fig. 2).

Fig. 1

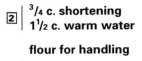

Fig. 2

⁙ *Como las tortillas preparadas en la cocina de mi tía.* ⁙

1. *Mezcle 1, agregue 2, y revuelva. Coloque en una superficie ligeramente espolvoreada con harina, amase hasta que esté suave y blanda. Divida la masa en 18 bolitas. Aplaste cada bola con la mano. Use el rodillo para formar la masa en círculos de 8" (20cm) (Fig. 1). Para tacos hágalas de 6" (15cm).*

2. *Ponga la tortilla en una sartén calentada a 400°F (205°C), cueza cada lado por 45 segundos hasta que tenga manchitas. Use una toalla para aplanar las burbujas. Apile las tortillas cocidas en una toalla seca. Sírvalas calientes.*

● *Sírvalas calientes con la mayoría de comidas. Usadas para hacer burritos, quesadillas, tacos, enchiladas, guisos, fajitas, y tostadas. Se pueden comprar tortillas ya preparadas (Fig. 2).*

Corn Tortillas
Tortillas de Maíz

1 2 c. corn tortilla flour
¼ t. salt

1¼ c. warm water
oil for handling

1 *2 tz. harina de maíz para*
tortillas
¼ c. sal

1¼ tz. agua tibia
aceite para maniobrar

1 Mix **1**, add enough warm water to make dough soft. Shape dough into 12 balls; coat lightly with oil and cover to prevent drying. Place each ball between wax paper and flatten with hand. Then press into a thin 6" (15cm) circle with tortilla press (Fig. 1) or rolling pin. Stack with waxpaper between tortillas.

2 Place tortilla on 400°F griddle or skillet. Cook each side 45 seconds. Stack tortillas flat under dry towel. Serve warm.

● Served warm with most meals. Used to make tacos, enchiladas, casseroles, tostadas, soups, and chips. Ready-made tortillas can be purchased (Fig. 2).

Fig. 1

Fig. 2

1 *Mezcle **1**, agregue suficiente agua para hacer una masa suave. Haga 12 bolitas con la masa; cúbralas ligeramente con aceite y tápelas para prevenir que se sequen. Ponga cada bolita entre papel de cera y aplaste con la mano. Aplástelas más formando círculos de 6" (15cm) con una prensa de tortillas (Fig. 1) o rodillo de amasar. Apílelas poniendo papel de cera entre cada tortilla.*

2 *Ponga las tortillas en un comal o una sartén a 400°F (205°C). Cocine cada lado por 45 segundos. Apile las tortillas aplastadas bajo una toalla seca. Sírvalas calientes.*

● *Sírvalas calientes con la mayoría de las comidas. Usadas para hacer tacos, enchiladas, guisos, tostadas, sopas y tortillitas fritas. Se pueden comprar tortillas ya preparadas (Fig. 2).*

Fried Tortilla Chips

Tortillitas Fritas

12 corn tortillas, see p. 14
oil for deep-frying
2 t. salt

12 tortillas de maíz, p. 14
aceite para freír
2 c. sal

1 Cut each tortilla into 8 wedge shaped pieces (Fig. 1). Heat 1" (2cm) of oil in deep skillet to 350°F. Place a batch of chips in hot oil; fry on both sides until crispy. Remove and drain on paper towels. Repeat process to fry remaining chips. Salt to taste. Good plain or with salsa or dips. Ready-made chips can be purchased.

1 *Corte cada tortilla en 8 pedazos (Fig. 1). Caliente 1" (2cm) de aceite a 350°F (175°C) en una sartén honda. Ponga un puñado de los pedazos de tortillas en el aceite caliente; fría ambos lados hasta que estén doradas. Remueva y séquelas con toallas de papel. Repita el proceso para freír las tortillas restantes. Agregue sal al gusto. Deliciosas solas o con salsa o dip. Se pueden comprar tortillitas ya preparadas.*

Fig. 1

Cheese Nachos

Nachos con Queso

6 oz. (170g) tortilla chips, see above recipe
1 c. shredded cheddar cheese
2 T. milk
¼ c. diced jalapeno chilies, optional

6 oz. (170g) tortillitas, vea la receta de arriba
1 tz. queso Cheddar rallado
2 C. leche
¼ tz. jalapeños rebanados, opcional

⋟ A popular item, especially with the younger set. ⋞

1 Place chips in serving dish. Melt cheese and mix with milk while stirring until mixture is creamy. Pour mixture over chips, sprinkle with chilies. Serve and eat while warm.

● For a special touch, add hot chili beans, see p. 43, on top of nachos and enjoy "Chili Billies".

⋟ *Un aperitivo popular, especialmente con los jóvenes.* ⋞

1 *Ponga las tortillitas en un plato. Derrita el queso con la leche revolviendo hasta que la mezcla esté cremosa. Vacíe la mezcla sobre las tortillitas, espolvoree con el chile. Sirva y coma mientras están calientes.*

● *Para un toque especial, agregue frijoles con chili, p. 43, sobre los nachos y saboree "Chili Billies."*

Mini Tostadas
Mini Tostadas

12 corn or flour tortillas,
see pp. 13, 14
$^1/_2$ c. refried beans, see
p. 27
$^1/_4$ c. salsa, see p. 10
aluminum foil for foil balls
oil for deep-frying

1 $^1/_4$ lb. (115g) lean ground
beef
1 T. chopped onions

2 2 T. tomato sauce
dash ea: cumin, pepper, chili
powder, and salt

3 $^1/_2$ c. ea: finely shredded
lettuce and cheddar
cheese
$^1/_4$ c. ea: sour cream, sliced
olives

*12 tortillas de maíz o harina,
pp. 13, 14*
$^1/_2$ tz. frijoles refritos, p. 27
$^1/_4$ tz. salsa, p. 10
*papel de aluminio para hacer
bolitas*
aceite para freír

1 *$^1/_4$ lb. (115g) carne de res
molida*
1 C. cebolla picada

2 *2 C. salsa de tomate
pizca c/u: comino, pimienta,
chile en polvo, sal*

3 *$^1/_2$ tz. c/u: lechuga finamente
picada, queso Cheddar
rallado*
*$^1/_4$ tz. c/u: crema agria,
aceitunas rebanadas*

❧ A fancy mini-snack at any party. ❧

1 Cut 24 circular pieces out of tortillas using 3" (7cm) diameter cookie cutter (Fig. 1). Make 24 foil balls 1" (2cm) in diameter.

2 Heat oil in skillet. Soften tortilla circles, one at a time, by dipping in hot oil, drain and place in mini-muffin pan. Quickly push a foil ball down in center of tortilla circle to form tostada cup (Fig. 1). Place in 400°F oven 10 minutes until golden and crispy. Remove foil balls.

3 Place **1** in skillet over medium heat, break up meat and fry until meat is brown. Drain grease, add **2** and stir until mixture thickens. Heat beans and fill cups with layers of beans, meat mixture, and **3** . Top with salsa.

❧ *Un elegante mini-bocadillo en cualquiera fiesta.* ❧

1 *Corte 24 pedazos circulares de las tortillas usando un molde corta-galletas de 3" (7cm) de diámetro (Fig. 1). Haga 24 bolitas de papel de aluminio de 1" (2cm) de diámetro.*

2 *Caliente el aceite en una sartén. Suavice un círculo de tortilla, uno a la vez, sumergiéndolos en el aceite caliente, séquelos y póngalos en un molde para mini-molletes. Rápidamente empuje una bola de aluminio en el centro del círculo de la tortilla para formar la tostada (Fig. 1). Ponga en el horno a 400ºF (205ºC) por 10 minutos hasta que estén doradas. Remueva el papel de aluminio.*

3 *Ponga **1** en una sartén a fuego moderado, desbarate la carne y fría hasta que esté dorada. Escurra la grasa, agregue **2** y revuelva hasta que la mezcla esté espesa. Caliente los frijoles y llene las tostadas con capas de frijoles, mezcla de carne y **3** . Cubra con salsa.*

Fig. 1

Spanish Meatballs
Albóndigas Españolas

¹/₄ lb. (115g) raw chorizo, see p. 12
1 lb. (450g) ground beef

1

1 t. ea: salt, chili powder
1 T. chopped parsley
1 egg
2 slices white bread, crumbled

2

oil for frying

¹/₄ lb. (115g) chorizo crudo, p. 12
1 lb. (450g) carne de res molida

1

1 c. c/u: sal, chile en polvo
1 C. perejil picado
1 huevo
2 rebanadas de pan, desmigajadas

2

aceite para freír

≈ A wonderful appetizer or main course. ≈

1 Break up **1** in bowl. Add **2**, mix well (Fig. 1). Form meat mixture into 36 1" (2cm) balls.

2 Heat 3 T. oil in skillet over medium heat. Add meatballs and rotate 20 minutes until brown all the way through (Fig. 2). Drain on paper towels and serve while warm.

● For appetizers, put a toothpick in each meatball and serve with cheese cubes. As a main dish, serve meatballs on rice.

≈ *Un delicioso aperitivo o plato principal.* ≈

1 *Desbarate* **1** *en un tazón. Agregue* **2** *, revuelva bien (Fig. 1). Haga 36 bolitas de 1" (2cm) con esta mezcla de carne.*

2 *Caliente 3 C. de aceite en una sartén a fuego moderado. Agregue las albóndigas, cocine y voltéelas por 20 minutos hasta que se doren y estén totalmente cocidas (Fig. 2). Retire y seque con toallas de papel. Sírvalas calientes.*

● *Como aperitivo, inserte un picadientes en cada una y sirva con cubitos de queso. Como plato principal, sirva las albóndigas con arroz.*

Fig. 1

Fig. 2

Seven-layer Bean Dip

Dip de Frijoles de Siete Capas

serves 6 · *6 porciones*

2 c. dried pinto beans,
see p. 26
¹/₂ c. diced green chilies,
see p. 7

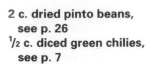
2 T. mayonnaise,
1 t. chili powder

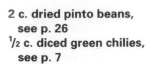
1 c. sour cream
¹/₄ c. chopped green onions

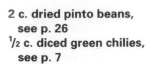
2 avocados, mashed
1 T. lemon or lime juice
¹/₂ c. crushed cooked bacon

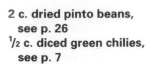
1 c. shredded cheddar
cheese
2 tomatoes, chopped
¹/₂ c. sliced black pitted
olives

2 tz. frijoles pintos secos, p. 26
¹/₂ tz. chile verde, picado en
cuadritos, p. 7

2 C. mayonesa,
1 c. chile en polvo

1 tz. crema agria
¹/₄ tz. cebollín picado

2 aguacates machacados
1 C. jugo de limón o limón
verde
¹/₂ tz. tocino frito en pedacitos

1 tz. queso Cheddar rallado
2 tomates picados
¹/₂ tz. aceitunas negras
deshuesadas, rebanadas

✷ One of the most popular and tasty dips. ✷

1 Place beans in skillet over medium heat and mash until smooth while adding retained liquid to adjust thickness. Mix ① with refried beans. Mix ② and ③ in separate bowls (Fig. 1).

2 Spoon layer of bean mixture into casserole dish, then layers of mixture ②, mixture ③, and chilies. Sprinkle on layer of each ingredient in ④.

● Serve dip warm or cold with tortilla chips, see p. 15.

✷ *Uno de los más populares y sabrosos dips.* ✷

1 *Ponga los frijoles en una sartén a fuego moderado y aplaste hasta que estén blandos agregando el caldo reservado para espesarlo. Mezcle ① con los frijoles refritos. Mezcle ② y ③ en tazones diferentes (Fig. 1).*

2 *Ponga una capa de la mezcla de frijoles en un recipiente, luego capas de la mezcla ②, mezcla ③, y de los chiles. Espolvoree una capa de cada ingrediente en ④.*

● *Sirva el dip caliente o frío con tortillitas fritas, p. 15.*

Fig. 1

Mexican Bean Dip

Dip de Frijoles a la Mexicana

1 c. dried pinto beans,
see p. 26
$^1/_2$ c. salsa, see p. 10
6 bacon strips
$^1/_2$ c. chopped onions

1 $^1/_2$ c. sour cream
$^1/_2$ c. shredded cheddar
cheese
1 T. chili powder, $^1/_4$ t. salt

$^1/_2$ c. shredded cheddar
cheese

1 tz. frijoles pintos secos, p.26
$^1/_2$ tz. salsa, p.10
6 rebanadas de tocino
$^1/_2$ tz. cebolla picada

1 *$^1/_2$ tz. crema agria*
$^1/_2$ tz. queso Cheddar rallado
1 C. chile en polvo, $^1/_4$ c. sal

$^1/_2$ tz. queso Cheddar rallado

☙ Juan's "hot stuff" bean dip. ❧

1 Fry bacon until crispy, remove, chop and set aside. Add onions to skillet and saute until tender. Add cooked beans and 1 1/2 c. retained bean liquid. Add **1** and mash until creamy. Stir in salsa, chopped bacon and top with 1/2 c. cheese. Serve warm or cold with tortilla chips or vegetables.

☙ *El "super enchiloso" dip de Juan.* ❧

1 *Fría el tocino hasta que esté doradito, sáquelo, píquelo y póngalo a un lado. Agregue la cebolla a la sartén y sofría hasta que esté blanda. Agregue los frijoles cocidos y 1 1/2 tz. del caldo reservado de frijoles. Agregue* **1** *y aplaste hasta que esté cremoso. Agregue la salsa y tocino. Revuelva y cubra con 1/2 tz. de queso. Sirva caliente o frío con tortillitas fritas o vegetales.*

Guacamole

Guacamole

2 large ripe avocados
1 bacon strip

1 1 T. chopped onions
$^1/_4$ c. chopped tomato
1 T. lemon or lime juice
$^1/_4$ t. salt, dash pepper

2 aguacates maduros grandes
1 rebanada de tocino

1 *1 C. cebolla picada*
$^1/_4$ tz. tomate picado
1 C. jugo de limón o limón verde
$^1/_4$ c. sal, pizca de pimienta

1 Peel, pit, and mash avocados; save seeds. Cook and chop bacon. Add bacon and **1** to avocado mixture, mix well. Put avocado seeds in mixture, cover with plastic wrap or lettuce leaves to retard darkening. Refrigerate until needed. Use as a dip or over foods for a special taste.

1 *Pele, deshuese, y machaque los aguacates; guarde los huesos. Cocine y pique el tocino. Agregue el tocino y* **1** *a la mezcla de aguacate, revuelva muy bien. Ponga los huesos de aguacate en la mezcla, tape con plástico u hojas de lechuga para que no se oscurezca rápido. Refrigere hasta que se necesite. Use como dip o sobre comidas para un sabor especial.*

Stuffed Potato Skins
Cáscaras de Papas Rellenas

4 small potatoes, baked, cut in half
¹/₂ c. ea: finely shredded cheddar, jack cheese

1 │ ¹/₄ c. ea: diced tomatoes, black olives, green chilies, see p. 7
│ ¹/₄ c. sliced whole green onion

2 │ ¹/₂ c. guacamole, see p. 19
│ ¹/₄ c. sour cream

4 papas pequeñas horneadas, cortadas por la mitad
¹/₂ tz. c/u: de queso finamente rallado, Cheddar y Monterey Jack

1 │ *¹/₄ tz. c/u: tomates rebanados, aceitunas negras, chiles verdes, p. 7*
│ *¹/₄ tz. cebollín entero, picado*

2 │ *¹/₂ tz. guacamole, p. 19*
│ *¹/₄ tz. crema agria*

1 Scoop centers from potatoes, leave 1/4" (0.5cm) thick shells. Using half the cheese, put a layer of cheese in each shell. Add a layer of each ingredient in 1 and top with remaining cheese. Brush potato skins with oil, place in baking dish and bake at 450°F 8 minutes until cheese melts. Remove from oven and top with 2 .

1 *Saque con una cucharada el centro de las papas, deje 1/4" (0.5cm) de cáscara. Usando la mitad del queso, ponga una capa de queso en cada cáscara. Agregue una capa de cada ingrediente en 1 y cubra con el queso restante. Cepille las cáscaras con aceite, coloque en un recipiente de hornear y hornee a 450ºF (230ºC) por 8 minutos hasta que el queso se derrita. Saque del horno y cúbralas con 2 .*

Tortilla Treats
Botana de Tortilla

6 corn tortillas, see p. 14
¹/₄ c. salsa, see p. 10

1 │ 1 T. lemon juice
│ 2 large avocados, mashed

1 c. thinly shredded lettuce
¹/₂ c. shredded cheddar cheese

6 tortillas de maíz, p. 14
¹/₄ tz. salsa, p. 10

1 │ *1 C. jugo de limón*
│ *2 aguacates grandes, machacados*

1 tz. lechuga finamente picada
¹/₂ tz. queso Cheddar rallado

1 Cut each tortilla into 4 pieces. Heat 1" (2cm) oil in deep skillet to 350°F. Place a batch of tortilla pieces into hot oil; fry both sides until crispy. Drain on paper towel. Mix 1. Place layer of avocado mix, lettuce, cheese, and salsa on each tortilla piece. Heat in oven at 425°F for 3 minutes. Serve warm.

1 *Corte cada tortilla en 4 pedazos. Caliente 1" (2cm) de aceite en una sartén honda a 350°F (175ºC). Ponga un puñado de los pedazos de tortillas en el aceite caliente; fría ambos lados hasta que estén dorados. Escurra en toallas de papel. Mezcle 1. Ponga una capa de la mezcla de aguacate, lechuga, queso y salsa en cada pedazo de tortilla. Caliente en el horno a 425°F (220ºC) por 3 minutos. Sirva caliente.*

Quesadillas
Quesadillas

6 flour tortillas, 8" (20cm), see p. 13
¹/₂ c. diced green chilies, see p. 7

1   **1 c. ea: shredded cheddar, jack cheese**
¹/₄ c. sour cream

6 tortillas de harina de 8" (20cm), p. 13
¹/₂ tz. chile verde cortado en cuadritos, p. 7

1   *1 tz. c/u: de queso rallado, Cheddar y Monterey Jack*
¹/₄ tz. crema agria

❧ Great for a meal or a snack. ❧

1   Mix **1** in bowl, add chilies and stir. Set aside.

2   Heat 2 t. butter in skillet over medium heat. Add tortilla and sprinkle on thin layer of mixture from Step 1 to cover surface (Fig. 1). Fry 30 seconds, fold tortilla over into half circle to form quesadilla (Fig. 2). Continue cooking, turning often until cheese is melted and tortilla is golden brown.

3   Repeat Step 2 with each tortilla. (Keep cooked quesadillas warm while others are prepared.) Cut each quesadilla into 3 wedge shaped pieces, serve with salsa and eat while warm.

❧ *Sabrosas como comida principal o botana.* ❧

Fig. 1

1   *Mezcle* **1** *en un tazón, agregue los chiles y revuelva. Ponga a un lado.*

2   *Caliente 2 c. de mantequilla en una sartén a fuego moderado. Agregue la tortilla y unte una capa fina de la mezcla del paso 1 para cubrir la superficie (Fig. 1). Fría por 30 segundos, doble la tortilla por la mitad para formar la quesadilla (Fig. 2). Continúe cocinándolas, volteando frecuentemente hasta que el queso se derrita y la tortilla esté bien dorada.*

3   *Repita el paso 2 con cada tortilla. (Mantenga las quesadillas calientes mientras prepara las demás.) Corte cada quesadilla en tres pedazos en forma de triángulos, sirva con salsa y coma mientras están calientes.*

Fig. 2

Cucumber Salad
Ensalada de Pepino

serves 4 • *4 porciones*

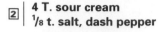

1 medium cucumber
¼ small, sweet red onion

2 4 T. sour cream
⅛ t. salt, dash pepper

6 lettuce leaves
1 small avocado
1 medium tomato
parsley or cilantro sprigs

1 *1 pepino mediano*
¼ cebolla morada pequeña

2 *4 C. crema agria*
⅛ c. sal, pizca de pimienta

6 hojas de lechuga
1 aguacate pequeño
1 tomate mediano
perejil o ramitas de cilantro

✤ Great for a hot day. ✤

1 Finely slice ① crosswise, separate onion rings, mix with ② in bowl and chill for 1 hour.

2 Serve mixture on bed of lettuce and garnish top with thin slices of tomato and peeled avocado. Place a sprig on each plate.

● Any sweet onion can be substituted for red onion.

✤ *Delicioso en un día caluroso.* ✤

1 *Finamente rebane ① , separe las rodajas de la cebolla, mezcle con ② en un tazón y enfríe por 1 hora.*

2 *Sirva la mezcla sobre una capa de lechuga y adorne con finas rebanadas de tomate y de aguacate. Ponga una ramita en cada plato.*

● *Cualquiera cebolla puede ser usada en lugar de la cebolla morada.*

Taco Salad
Ensalada de Taco

1 1 lb.(450g) lean ground beef
1/4 c. chopped onions

2 1 c. tomato sauce
1/8 t. ea: cumin, pepper
1 t. ea: chili powder, salt

8 oz. (225g) tortilla chips,
see p. 15

3 6 c. torn lettuce
1 c. canned red kidney or
pinto beans, drained
3 tomatoes, chopped
1/2 c. sliced whole green
onion
2 c. shredded cheddar
cheese

1 1/2 c. sour cream
1 avocado, peeled and sliced
1/2 c. black pitted olives

1 *1 lb. (450g) carne molida*
1/4 tz. cebolla picada

2 *1 tz. salsa de tomate*
1/8 c. c/u: comino, pimienta
1 c. c/u: chile en polvo, sal

8 oz. (225g) tortillitas, p. 15

3 *6 tz. lechuga en pedazos*
1 tz. frijoles rojos o frijoles
pintos enlatados, escurridos
3 tomates picados
1/2 tz. cebollín entero, rebanado
2 tz. queso Cheddar rallado

1 1/2 tz. crema agria
1 aguacate pelado y rebanado
1/2 tz. aceitunas negras
deshuesadas

1 Brown **1** in skillet over medium heat 10 minutes breaking up meat while frying, drain grease. Add **2** stirring constantly 10 minutes until meat mixture becomes thick.

2 Arrange a layer of chips on individual plates, retain some for garnishing. Layer each item in **3** on top of chips. Spoon hot meat mixture on top of salad.

3 Garnish each serving with sour cream, avocado and olives. Arrange remaining chips on and around salad.

1 *Dore* **1** *en una sartén a fuego moderado por 10 minutos desbaratando la carne mientras se fríe, escurra la grasa. Agregue* **2** *revolviendo constantemente por 10 minutos hasta que la mezcla de la carne se vuelva espesa.*

2 *Arregle una capa de tortillitas en platos individuales, guarde algunas para adornar. Ponga una capa de cada ingrediente en* **3** *sobre las tortillitas. Agregue la mezcla de carne caliente sobre la ensalada.*

3 *Adorne cada platillo con crema, aguacate y aceitunas. Arregle las tortillitas restantes sobre y alrededor de la ensalada.*

Corn and Zucchini
Elote y Calabacitas

2 strips bacon
¹/₂ c. chopped onions

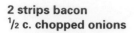

1 c. chopped tomatoes
2 c. zucchini, ¹/₄"(0.5cm)
slices
¹/₂ t. ea: salt, sugar
¹/₄ t. ea: ground cumin,
pepper

2 c. canned whole kernel
corn, drained

2 rebanadas de tocino
¹/₂ tz. cebolla picada

1 tz. tomate picado
2 tz. calabacitas rebanadas en
¹/₄" (0.5cm)
¹/₂ c. c/u: sal, azúcar
¹/₄ c. c/u: comino molido,
pimienta

2 tz. granos de elote enlatados,
escurridos

➤ **A spicy and tasty dish.** ➤

1 Fry bacon in skillet, remove, crumble and set aside. Add onions to skillet and saute over medium heat until soft. Add ① (Fig. 1) and cook until vegetables are tender. Add corn, mix and cook until hot. Place in serving dish, sprinkle on crumbled bacon. This vegetable dish goes well with most main dishes.

● Kernels removed from 3 fresh boiled ears of corn can be substituted for canned kernels.

➤ *Un sazonado y sabroso platillo.* ➤

1 *Fría el tocino en una sartén, escurra, despedace y ponga a un lado. Agregue la cebolla a la sartén y sofría a fuego moderado hasta que esté blanda. Agregue ① (Fig. 1) y cueza hasta que los vegetales estén tiernos. Agregue el elote, revuelva y cueza hasta que esté caliente. Sirva en un plato y espolvoree el tocino. Este plato de vegetales complementa muchos platillos principales.*

● *Los granos de tres elotes cocidos se pueden usar en lugar del elote enlatado.*

Fig. 1

Asparagus with Sauce

Espárragos con Salsa

1
½ c. diced green chili, see p.7
1 large tomato, diced
½ c. diced tomatillos
½ t. salt, ¼ t. pepper
3 T. olive or vegetable oil

1 lb.(450g) asparagus

2 ½ t. ea: salt, oil

¼ c. finely shredded jack cheese

1
½ tz. chile finamente picado, p.7
1 tomate grande picado
½ tz. tomatillos picados
½ c. sal, ¼ c. pimienta
3 C. aceite de oliva o vegetal

1 lb. (450g) espárragos

2 *½ c. c/u: sal, aceite*

¼ c. queso Monterey Jack finamente rallado

1 Prepare tomatillo (See p. 10, Fig. 1) sauce by warming **1** , keep warm. Cut hard ends off asparagus, discard. Rinse tips and place in pot, add water to cover asparagus, and add **2** . Bring to boil, cook uncovered 5 minutes until tender.

2 Arrange asparagus on serving dish, spoon on warm tomatillo sauce and sprinkle on cheese.

1 *Prepare la salsa de tomatillos (p. 10, Fig. 1) calentando* **1** , *manténgala caliente. Corte los tallos de los espárragos y tírelos. Enjuague los espárragos y póngalos en una olla, agregue agua hasta taparlos y agregue* **2** . *Hierva, cocine sin taparlos por 5 minutos hasta que estén tiernos.*

2 *Acomode los espárragos en un plato, agregue la salsa de tomatillos y espolvoree el queso.*

Mixed Mexican Vegetables

Mexcla de Vegetales Mexicanos

1
1 c. ea: drained canned garbanzo beans, red kidney beans, whole kernel corn (Fig. 1)
½ c. ea: diced green and red bell peppers

2
2 T. vegetable or olive oil
3 T. red wine vinegar
¼ t. salt, ⅛ t. pepper

1
1 tz. c/u: garbanzos, frijoles rojos y granos de elote enlatados, escurridos (Fig. 1)
½ tz. c/u: pimiento verde y rojo finamente picado

2
2 C. aceite vegetal o de oliva
3 C. vinagre de vino tinto
¼ c. sal, ⅛ c. pimienta

1 Mix **1** in bowl, add **2** , mix well. Chill before serving.
● Goes well with almost any main dish.

1 *Mezcle* **1** *en un tazón, agregue* **2** *,revuelva muy bien. Enfríe antes de servir.*
● *Acompañan muy bien casi cualquier platillo principal.*

Fig. 1

Fig. 1

Fig. 2

Preparing Beans for Use

makes 3 cups

1 c. dried pinto (Fig. 3) or black beans (Fig. 4)*
¹/₄ t. baking soda

Fig. 3

WARNING - Remove any twigs or small rocks from bulk beans.

1 Wash beans thoroughly. Place in deep pot with 3 c. water. Bring to boil and slowly add baking soda to "de-gas" the beans. Remove heat, skim off foam, cover and let stand in liquid 1 hour.

2 Add 2 c. more water to beans. Bring to boil, reduce heat, cover and simmer 1 hour, stirring once, until beans are tender (Fig. 1 & 2). Return to recipe requiring cooked beans. (Save 1 1/2 c. liquid for use during mashing and any further cooking.) Can be used as a side dish, add salt to taste.

Fig. 4

* Pre-cooked canned refried beans, pinto beans, and black beans are available in most markets (Fig. 3 & 4).

Preparación de los Frijoles para Cocinar

3 tazas

1 tz. de frijoles pintos secos (fig. 3) o frijoles negros (Fig. 4)*
¹/₄ c. bicarbonato

¡OJO! - Remueva cualquier palito o piedrita de los frijoles secos.

1 *Lave los frijoles plenamente. Hiérvalos en una olla alta con 3 tz. de agua y lentamente agregue el bicarbonato "para quitarles el gas." Apague el fuego, quite la espuma, tape la olla y deje los frijoles en el caldo por 1 hora.*

2 *Agregue 2 tz. más de agua a los frijoles, hierva, baje el fuego, tape la olla y cocine lentamente por 1 hora hasta que los frijoles estén blandos Fig. 1 y 2). Regrese a la receta que necesita los frijoles cocidos. (Guarde 1 1/2 tz. de caldo para usar al moler y cocinar más adelante.) Agregue sal al gusto. Pueden acompañar otro plato.*

* *Latas de frijoles refritos, frijoles pintos y frijoles negros cocidos se encuentran en la mayoría de los mercados (Fig. 3 y 4).*

Refried Beans
Frijoles Refritos

1 c. dried pinto beans, see
    p. 26

1 | 1 t. salt
   | $^3/_4$ c. shredded cheddar
   | cheese

2 | $^1/_4$ c. shredded cheddar
   | cheese

1 tz. frijoles pintos secos, p. 26

1 | *1 c. sal*
   | *$^3/_4$ tz. queso Cheddar rallado*

2 | *$^1/_4$ tz. queso Cheddar rallado*

⁊ Refried beans as served at El Zorro's. ⁊

1 Heat 3 T. oil in skillet over medium heat. Add cooked beans and
1 1/2 c. retained bean liquid. Add **1**, mash until smooth and cook
until liquid is mostly absorbed. Serve warm, top with **2**.

● Used with burritos, taco salads, dips, tostadas, and main dishes.

⁊ *Frijoles refritos como se servían en El Zorro.* ⁊

1 *Caliente 3 C. de aceite en una sartén a fuego moderado. Agregue los
frijoles cocidos y 1 1/2 tz. del caldo de frijoles. Agregue* **1**, *aplaste hasta
que estén cremosos y cueza hasta que el caldo esté casi absorbido. Sirva
caliente, cubra con* **2**.

● *Se usan en burritos, ensaladas de taco, dips, tostadas y platillos
principales.*

Soliz's Refried Beans
Frijoles Refritos de Soliz

1 c. dried pinto beans,
   see p. 26
4 bacon strips

1 | $^1/_2$ t. salt
   | $^1/_8$ t. pepper

1 tz. frijoles pintos secos, p. 26
4 rebanadas de tocino

1 | *$^1/_2$ c. sal*
   | *$^1/_8$ c. pimienta*

⁊ Special beans served in my Aunt's home. ⁊

1 Fry bacon until crispy, remove and chop bacon, leave grease in
skillet. Put cooked beans and 1 1/2 c. retained bean liquid in skillet,
cook over medium heat. Add **1** and partially mash until mix is soupy
but chunky. Add bacon, mix and serve warm.

⁊ *Frijoles especiales servidos en la casa de mi tía.* ⁊

1 *Fría el tocino hasta que esté doradito, saque y píquelo, deje la grasa en
la sartén. Agregue los frijoles cocidos y 1 1/2 tz. del caldo de frijoles a la
sartén, cueza a fuego moderado. Agregue* **1** *y aplástelos parcialmente
hasta que la mezcla esté caldosa pero no suave. Agregue el tocino,
revuelva y sirva caliente.*

Mixed
Refried Beans

Mezcla de Frijoles Refritos

¹/₂ c. dried pinto beans,
see p.26
¹/₂ c. dried black beans,
see p. 26
1 beef bouillon cube

 ¹/₂ c. chopped onions
2 garlic cloves, minced

② ¹/₂ t. ea: salt, chili powder
¹/₈ t. pepper

¹/₂ tz. frijoles pintos secos, p.26
¹/₂ tz. frijoles negros secos, p.26
1 cubito de caldo de res

① ¹/₂ tz. cebolla picada
2 dientes de ajo, finamente
picados

② ¹/₂ c. c/u: sal, chile en polvo
¹/₈ c. pimienta

Refried
Black Beans

Frijoles Negros Refritos

1 c. dried black beans,
see p. 26
¹/₄ c. chopped onions
1 t. salt

1 tz. frijoles negros secos, p. 26
¹/₄ tz. cebolla picada
1 c. sal

serves 6 • 6 porciones

❧ A tasty bean dish from Jeanette's kitchen. ❧

1 Dissolve bouillon cube in 1 1/2 c. bean liquid. Heat 3 T. oil in skillet over medium heat. Add ①, saute until soft. Add cooked beans and ②, mix well and mash while adding bean liquid; leave some beans intact. Cook until liquid is mostly absorbed.

❧ Un sabroso platillo de frijoles preparado en la cocina de Jeanette. ❧

1 *Deshaga el cubo de caldo en 1 1/2 tz. de caldo de frijoles. Caliente 3 C. de aceite en una sartén a fuego moderado. Agregue ①, sofría hasta ablandar. Agregue los frijoles cocidos y ②, revuelva muy bien y aplaste mientras agrega el caldo de frijoles; deje algunos frijoles intactos. Cueza hasta que la mayor parte del caldo haya sido absorbido.*

serves 6 • 6 porciones

1 Heat 3 T. oil in skillet over medium heat, saute onions in oil until soft. Add cooked beans, salt, and 1 1/2 c. bean liquid. Cook and mash until smooth and liquid is mostly absorbed. Serve warm. Refried black beans go great with most main dishes, as a side dish with eggs, or as a substitute for refried pinto beans.

1 *Caliente 3 C. de aceite en una sartén a fuego moderado, sofría la cebolla en el aceite hasta que esté blanda. Agregue los frijoles cocidos, sal y 1 1/2 tz. de caldo de frijoles. Cocine y aplaste hasta que estén suaves y el caldo esté casi absorbido. Sirva calientes. Frijoles negros refritos acompañan muy bien la mayoría de platillos principales, se sirven como plato adicional con huevos, o para reemplazar frijoles pintos refritos.*

El Zorro's Spanish Rice

Arroz Español de El Zorro

1 c. long-grain rice

1 ½ c. chopped onions
1 garlic clove, minced

2 1 t. salt
2 tomatoes, chopped
1 T. chopped parsley
1 c. ea: chicken broth, water
½ c. tomato sauce

1 tz. arroz de grano largo

1 *½ tz. cebolla picada*
1 diente de ajo, finamente picado

2 *1 c. sal*
2 tomates picados
1 C. perejil picado
1 tz. c/u: caldo de pollo, agua
½ tz. salsa de tomate

❧ El Zorro's special rice. ❧

1 Heat 2 T. oil in skillet over medium heat. Add rice, saute about 15 minutes until lightly brown. Add **1**, saute until rice is golden brown. Add **2**, mix, bring to boil, reduce heat, cover and simmer 30 minutes until liquid is absorbed and rice is tender. Add water if needed. This rice complements most main dishes.

❧ *Arroz especial de El Zorro.* ❧

1 *Caliente 2 C. de aceite en una sartén a fuego moderado. Agregue el arroz, sofría por 15 minutos hasta que esté un poco dorado. Agregue **1**, sofría hasta que el arroz esté bien dorado. Agregue **2**, revuelva, caliente hasta que hierva, baje el fuego, tape y cocine lentamente por 30 minutos hasta que el líquido haya sido absorbido y el arroz esté tierno. Agregue agua si es necesario. Este arroz complementa la mayoría de los platillos principales.*

Rice with Chorizo

Arroz con Chorizo

1 c. long-grain rice
½ c. chopped onions
¼ lb.(115g) cooked chorizo, see p. 12

1 1 large tomato, chopped
2 c. chicken broth
½ t. salt, ⅛ t. pepper

1 tz. arroz de grano largo
½ tz. cebolla picada
¼ lb. (115g) chorizo cocido, p. 12

1 *1 tomate grande, picado*
2 tz. caldo de pollo
½ c. sal, ⅛ c. pimienta

1 Heat 2 T. oil in skillet over medium heat. Add rice, fry and stir until rice is lightly brown. Add onions, stir frequently until rice is golden brown. Mix in chorizo, and **1**. Bring to boil, reduce heat, cover and simmer 30 minutes until liquid is absorbed and rice is tender. Add water if needed. Serve warm.

1 *Caliente 2 C. de aceite en una sartén a fuego moderado. Agregue el arroz, fría y revuelva hasta que esté bien dorado. Agregue el chorizo y **1** mezclando. Caliente hasta que hierva, baje el fuego, tape y cocine lentamente por 30 minutos hasta que el líquido haya sido absorbido y el arroz esté tierno. Agregue agua si es necesario. Sirva caliente.*

Mexican Rice

Arroz a la Mexicana

1 c. long-grain rice

☐1
 1/2 c. chopped onions
 1 garlic clove, minced

☐2
 1 tomato, chopped
 2 carrots, finely chopped
 1 c. ea: chicken broth, water
 1 t. salt, 1/8 t. pepper

1 c. peas

1 tz. arroz de grano largo

☐1
 1/2 tz. cebolla picada
 *1 diente de ajo, finamente
 picado*

☐2
 1 tomate picado
 *2 zanahorias, finamente
 picadas*
 1 tz. c/u: caldo de pollo, agua
 1 c. sal, 1/8 c. pimienta

1 tz. chícharos

1 Heat 2 T. oil in skillet over medium heat. Add rice, saute until lightly brown. Add ☐1, saute until rice is golden brown. Add ☐2, mix, bring to boil and reduce heat. Cover and simmer 20 minutes, mix in peas, cook 10 minutes until liquid is absorbed and rice is tender. Add water if needed. This rice complements most main dishes.

1 *Caliente 2 C. de aceite en una sartén a fuego moderado. Agregue el arroz, sofría hasta que esté un poco dorado. Agregue ☐1, sofría hasta que el arroz esté bien dorado. Agregue ☐2, revuelva, caliente hasta que hierva y baje el fuego. Tape y cocine lentamente por 20 minutos, agregue los chícharos, cueza por 10 minutos hasta que el líquido haya sido absorbido y el arroz esté tierno. Agregue agua si es necesario. Este arroz complementa la mayoría de los platillos principales.*

Mexican White Rice

Arroz Blanco a la Mexicana

1/2 c. chopped onions
1 c. long-grain rice

☐1
 2 1/2 c. chicken broth
 1/2 t. salt, 1/8 t. pepper

1/2 tz. cebolla picada
1 tz. arroz de grano largo

☐1
 2 1/2 tz. caldo de pollo
 1/2 c. sal, 1/8 c. pimienta

1 Heat 3 T. oil in skillet over medium heat. Add onions, saute until soft. Stir in rice, add ☐1 and bring to boil. Reduce heat, cover and simmer 30 minutes until liquid is absorbed and rice is tender. Add water if needed. A great side dish or with fajitas mixture, see p. 49, or with pineapple chicken, see p. 51.

1 *Caliente 3 C. de aceite en una sartén a fuego moderado. Agregue la cebolla, sofría hasta que esté blanda. Añada el arroz revolviéndolo, agregue ☐1 y hierva. Baje el fuego, tape y cocine lentamente por 30 minutos hasta que el líquido haya sido absorbido y el arroz esté tierno. Agregue agua si es necesario. Este es un delicioso plato adicional, con Fajitas, p. 49, o con el Pollo con Piña, p. 51.*

Noodles and Spinach
Tallarines y Espinacas

serves 8 • *8 porciones*

10 fideo coils* (Fig. 1)

1 | ¹/₄ c. chopped onions
    1 garlic clove, minced

2 | 2 c. beef broth, 1¹/₂ c. water
    1 c. tomato sauce
    ¹/₂ t. salt, ¹/₈ t. pepper

2 c. coarsely chopped fresh
spinach

10 rollos de tallarín (Fig. 1)

1 | *¹/₄ tz. cebolla picada*
    *1 diente de ajo, finamente
    picado*

2 | *2 tz. caldo de res, 1¹/₂ tz. agua*
    1 tz. salsa de tomate
    ¹/₂ c. sal, ¹/₈ c. pimienta

2 tz. espinaca fresca picada

≈ One of Dad's special Sopa dishes. ≈

1 Heat 3 T. oil in skillet. Fry fideo coils on both sides until golden brown. Add 1, stir and cook 2 minutes.

2 Add 2, bring to boil, reduce heat, cover and simmer 20 minutes. Add spinach and mix thoroughly until coils are separated. Cook 10 more minutes until most liquid is absorbed.

* Fideo is a type of noodle and is also sold as "vermicelli". Any type of noodle/macaroni can be used.

● Frozen spinach can be drained and used instead of fresh. Canned spinach is not recommended as it is too soft.

≈ *Una sopa especial de mi papá.* ≈

1 *Caliente 3 C. de aceite en una sartén. Fría los rollos de fideo por cada lado hasta que estén bien dorados. Agregue 1, revuelva y cocine por 2 minutos.*

2 *Agregue 2, hierva, baje el fuego, tape y cocine lentamente por 20 minutos. Agregue la espinaca y revuelva completamente hasta que los rollos se hayan separado. Cocine por 10 minutos más hasta que el líquido haya sido absorbido.*

* *Tallarín es una clase de fideo y se vende como "vermicelli". Puede usar cualquiera clase de fideo/macarrón.*

● *Espinaca congelada puede ser escurrida y usada en lugar de fresca. Espinaca enlatada no es recomendable porque es muy blanda.*

Fig. 1

Spanish Omelette
Omelette Española

serves 2 • *2 porciones*

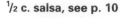

¹/₂ c. salsa, see p. 10

1 ¹/₄ c. ea: chopped onions, chopped green bell peppers

¹/₂ c. chopped tomatoes

2 4 large eggs
¹/₄ c. milk
¹/₄ t. salt, ¹/₈ t. pepper

¹/₂ c. shredded cheddar cheese
4 slices bread
¹/₂ sliced avocado, optional

¹/₂ tz. salsa, p. 10

1 *¹/₄ tz. c/u: cebolla picada, pimiento verde picado*

¹/₂ tz. tomate picado

2 *4 huevos grandes*
¹/₄ tz. leche
¹/₄ c. sal, ¹/₈ c. pimienta

¹/₂ tz. queso Cheddar rallado
4 rebanadas de pan
¹/₂ aguacate rebanado, opcional

1 Melt 1 T. butter in skillet. Saute **1** until soft, add tomatoes and cook until filling is well blended, Remove and set aside.

2 Mix and beat **2** in bowl. Melt 1 T. butter in skillet, add egg mixture; move mixture in skillet to cook evenly. When mixture is firm but still moist, spoon in filling and cheese on one side of mixture (Fig. 1). Fold the other half of mixture over filling to form the omelette (Fig 2.). Continue cooking until cheese melts.

3 Toast and butter bread. Cut omelette in half, top with salsa and serve with avocado slices. Refried beans or fruit go well with this omelette.

1 *Derrita 1 C. de mantequilla en una sartén. Sofría **1** hasta que esté blando, agregue los tomates y cocine hasta que el relleno esté completamente mezclado. Sáquelo y póngalo a un lado.*

2 *Mezcle y bata **2** en un tazón. Derrita 1 C. de mantequilla en la sartén, agregue la mezcla de huevo y bata la mezcla en la sartén para cocinar completamente. Cuando la mezcla esté firme y todavía húmeda, agregue a cucharadas el relleno y el queso sobre un lado de la mezcla (Fig. 1). Doble la otra mitad de la mezcla sobre el relleno para formar la omelette (Fig. 2). Continúe cocinándola hasta que se derrita el queso.*

3 *Tueste el pan y enmantequíllelo. Corte la omelette por la mitad, póngale salsa y sirva con rebanadas de aguacate. Frijoles refritos o fruta acompañan bien la omelette.*

Fig. 1

Fig. 2

Huevos Rancheros

Huevos Rancheros

2 c. ranchero sauce, see p. 9
4 corn tortillas, see p. 14
$^1/_2$ c. vegetable oil
4 large eggs
$^1/_2$ c. shredded jack cheese

2 tz. Salsa Ranchera, p. 9
4 tortillas de maíz, p. 14
$^1/_2$ tz. aceite vegetal
4 huevos grandes
$^1/_2$ tz. queso Montery Jack
rallado

A breakfast favorite at Grandmother's.

1 Heat 2 T. oil in skillet over medium heat. Warm each tortilla in skillet 15 seconds on each side until soft, drain. Fry eggs, yolk-side up, in butter. Pour 1/3 c. warm sauce on each plate, place tortilla in sauce and an egg on each tortilla. Spoon remaining sauce on eggs and sprinkle with cheese. Serve with refried beans and fresh fruit.

Un desayuno favorito en la casa de mi abuelita.

1 *Caliente 2 C. de aceite en una sartén a fuego moderado. Caliente cada tortilla en la sartén por 15 segundos por cada lado hasta que estén blandas, séquelas. Fría los huevos, estrellados, en mantequilla. Ponga 1/3 tz. de salsa caliente en cada plato, ponga la tortilla sobre la salsa y un huevo sobre cada tortilla. Sobre los huevos, añada la salsa restante y espolvoree con queso. Sirva con frijoles refritos y fruta fresca.*

Chorizo and Eggs

Chorizo con Huevos

8 corn tortillas, see p. 14
$^1/_2$ lb.(225g) link chorizo, see p. 12
$^1/_2$ c. chopped onions
6 large eggs, beaten

8 tortillas de maíz, p. 14
$^1/_2$ lb. (225g) chorizo
$^1/_2$ tz. cebolla picada
6 huevos grandes, batidos

A Sunday morning favorite at Grandmother's home.

1 Remove casing from chorizo and crumble into skillet. Add onions, fry and stir 8 minutes. Drain grease, add eggs and scramble until cooked. Serve with warm tortillas and refried beans.

Una comida favorita los domingos en la casa de mi abuelita.

1 *Quite la piel al chorizo y desbarate en una sartén. Agregue la cebolla, fría y revuelva por 8 minutos. Escurra la grasa, agregue los huevos y revuelva hasta que estén cocido. Sirva con tortillas calientes y frijoles refritos.*

Mexican Hash with Eggs
Picadillo con Huevos a la Mexicana
serves 6 • *6 porciones*

1½ lbs. (675g) roast pork or beef

☐1
½ c. chopped onions
1 garlic clove, minced
1 c. peeled, diced potatoes

☐2
1 c. tomato sauce
½ c. water
1 t. ea: sugar, salt
¼ t. ea: cumin, chili powder
½ c. whole kernel corn
¼ c. ea: raisins, chopped almonds

6 eggs

1½ lbs. (675g) carne de puerco o res para asar

☐1
½ tz. cebolla picada
1 diente de ajo, finamente picado
1 tz. papas peladas y cortadas en cuadros

☐2
1 tz. salsa de tomate
½ tz. agua
1 c. c/u: azúcar, sal
¼ c. c/u: comino, chile en polvo
½ tz. granos de elote
¼ tz. c/u: pasas, almendras picadas

6 huevos

1 Place meat in pot with 3 c. water. Bring to boil, reduce heat, cover and simmer 1 1/2 hours, turning once, until tender. Remove, cool, trim fat and finely shred meat (Fig. 1).

2 Heat 3 T. oil in skillet, saute ☐1 until onions are soft. Add shredded meat and ☐2, mix well. Cover and simmer 15 minutes, stirring occasionally. Set hash aside and keep warm. Fry eggs, yolk-side up, in butter. Serve with hash.

● Hash can be used as filling for tacos, enchiladas, tamales, or chile rellenos.

1 Ponga la carne en una olla con 3 tz. de agua. Cuando hierva, baje el fuego, tape y cocine lentamente por una hora y media, revuélvala una vez, hasta que esté tierna. Saque, enfríe, quite la gordura y finamente deshebre la carne (Fig. 1).

2 Caliente 3 C. de aceite en una sartén, sofría ☐1 hasta que la cebollas esté blandas. Agregue la carne deshebrada y ☐2, revuelva bien. Tape y cocine lentamente por 15 minutos, revuelva ocasionalmente. Ponga el picadillo a un lado y manténgalo caliente. Fría los huevos, estrellados, en mantequilla. Sírvalos con el picadillo.

● Este picadillo se puede usar como relleno para tacos, enchiladas, tamales o chiles rellenos.

Fig. 1

Breakfast Burritos
Burritos para el Desayuno

makes 4 • *4 porciones*

4 flour tortillas, 8" (20cm),
    see p. 13
1/2 c. salsa, see p. 10
4 bacon strips

1 1/2 c. chopped green onions
    1/2 c. ea: shredded cheddar
    cheese, jack cheese

2 2 eggs
    2 T. milk
    1/8 t. salt

1/2 c. vegetable oil
4 pieces 8" x 12" (20cm x
    30cm) aluminum foil

*4 tortillas de harina de 8"
    (20 cm), p. 13*
1/2 tz. salsa, p. 10
4 rebanadas de tocino

1 *1/2 tz. cebollín picado*
    *1/2 tz. c/u: de queso rallado,
    Cheddar y Monterey Jack*

2 *2 huevos*
    2 C. leche
    1/8 c. sal

1/2 tz. aceite vegetal
*4 pedazos de papel de
    aluminio, 8" x 12"
    (20cm x 30cm)*

⊱ A special treat at Betty's house. ⊰

1 Fry and crumble bacon, mix with salsa and 1 to prepare filling.

2 Mix and beat 2. Heat oil in skillet over medium heat. Dip warm tortillas, one at a time, in egg mixture, put in hot oil and fry each side until egg mixture is cooked, flatten any bubbles. Remove and drain on paper towels.

3 Spread an equal amount of filling on each tortilla (Fig. 1). Fold in ends and roll to form burrito. Wrap each burrito in foil and bake in preheated oven at 375°F for 10 minutes.

● Can be made ahead, frozen, and reheated. Makes for a quick meal.

⊱ *Una especialidad de la casa de Betty.* ⊰

1 *Fría el tocino y desbarátelo, mezcle con salsa y 1 para preparar el relleno.*

2 *Mezcle y bata 2. Caliente el aceite en una sartén a fuego moderado. Sumerja las tortillas calientes, una a la vez, en la mezcla de huevo y póngalas en el aceite caliente. Fría cada lado hasta que la mezcla de huevo esté cocida, aplaste cualquiera burbuja. Remueva y séquelas con toallas de papel.*

3 *Ponga la misma cantidad de relleno en cada tortilla (Fig. 1). Doble las puntas y enrolle para formar el burrito. Envuelva cada burrito en papel de aluminio y cocine en el horno precalentado a 375ºF (190ºC) por 10 minutos.*

● *Pueden ser preparados anteriormente, congelados y recalentados. Es una comida rápida de preparar.*

Fig. 1

Tortilla Soup

Sopa de Tortilla

serves 4 • *4 porciones*

4 corn tortillas, see p. 14
$^1/_2$ c. vegetable oil

1
- 1 c. coarsely chopped onions, (Fig. 1)
- 1 c. ea: sliced zucchini, carrots
- $^1/_2$ c. ea: chopped tomatoes, green bell pepper

2
- 3$^1/_2$ c. chicken broth
- $^1/_2$ c. tomato sauce
- $^1/_2$ t. salt, $^1/_2$ t. pepper

1 c. shredded cheddar cheese

4 tortillas de maíz, p. 14
$^1/_2$ tz. aceite vegetal

1
- *1 tz. cebolla picada en rebanadas (Fig. 1)*
- *1 tz. c/u: calabacitas y zanahorias rebanadas*
- *$^1/_2$ tz. c/u: tomate picado, pimiento verde*

2
- *3$^1/_2$ tz. caldo de pollo*
- *$^1/_2$ tz. salsa de tomate*
- *$^1/_2$ c. sal, $^1/_2$ c. pimienta*

1 tz. queso Cheddar rallado

1 Cut tortillas into strips (Fig. 2). Heat oil in skillet. Fry strips over medium heat until crisp (Fig. 3). Drain on paper towel, set aside.

2 Place ①and ②in pot, bring to boil. Reduce heat, cover and simmer 15 minutes. Pour soup into serving bowls. Lay tortilla strips on top of each serving and sprinkle on cheese. Serve hot.

1 *Corte las tortillas en tiras (Fig. 2). Caliente el aceite en una sartén. Fría las tiras a fuego moderado hasta que estén tostadas (Fig. 3). Séquelas con una servilleta de papel, póngalas a un lado.*

2 *Agregue ①y ②en una olla, cueza hasta que hierva. Baje el fuego. Tape y cocine lentamente por 15 minutos. Sirva la sopa en tazones soperos. Ponga las tiras de tortilla sobre cada porción y espolvoree el queso. Sirva caliente.*

Fig. 1

Fig. 2

Fig. 3

Mexican Soup

Sopa a la Mexicana

serves 6 · *6 porciones*

**1 lb. (450g) pork link
   sausage**

1 **¹/₂ c. chopped onions
1 garlic clove , minced**

2 **4 c. water
2 c. tomato sauce
1¹/₂ c. canned red kidney
   beans, undrained
¹/₂ c. long-grain rice
1 t. ea: paprika, chili powder
¹/₂ t. ea: salt, pepper**

*1 lb. (450g) salchichas
   pequeñas de puerco*

*¹/₂ tz. cebolla picada
1 diente de ajo, finamente
   picado*

*4 tz. agua
2 tz. salsa de tomate
1¹/₂ tz. frijoles rojos enlatados,
   sin escurrir
¹/₂ tz. arroz de grano largo
1 c. c/u: paprika, chile molido
¹/₂ c. c/u: sal, pimienta*

❧ **A tasty soup made in my sister's kitchen.** ❧

1 Cut sausage into 1/2″ (1cm) pieces (Fig. 1). Fry in skillet over medium heat. Remove sausage, leave 2 T. fat in skillet. Add **1**, saute until soft.

2 Place sausage, **1** , and **2** in pot, mix well. Bring to boil, reduce heat, cover, and simmer 30 minutes until rice is tender.

● Use as a main dish with warm tortillas or Mexican rolls, see pp. 13, 14, 84. Goes well with other main dishes.

❧ *Una sabrosa sopa preparada en la cocina de mi hermana.* ❧

1 *Corte las salchichas en rebanadas de 1/2" (1cm). Fría en una sartén a fuego moderado. Sáquelas, dejando 2 C. de grasa en la sartén. Agregue* **1**, *sofría hasta que esté blando.*

2 *Ponga la salchicha,* **1** , *y* **2** *en una olla, mezcle bien. Cueza hasta que hierva, baje el fuego, tape y sofría por 30 minutos hasta que el arroz esté tierno.*

● *Sirva como platillo principal con tortillas calientes o bolillos, pp. 13, 14, 84. Acompaña bien otros platillos principales.*

Fig. 1

Lentil Soup
Sopa de Lentejas

serves 6 · *6 porciones*

1 c. lentil beans

|1| ³/₄ c. ea: finely chopped
onion, green bell pepper,
carrots, celery (Fig. 1)

|2| 1 c. chopped tomatoes
¹/₂ c. diced green chilies,
see p. 7
6 ¹/₂ c. water
1 c. tomato sauce
1 T. salt, ¹/₄ t. pepper
1¹/₂ t. chili powder

1 tz. lentejas

|1| ³/₄ tz. c/u: cebolla, pimiento
verde, zanahoria y apio
finamente picado (Fig. 1)

|2| 1 tz. tomate picado
¹/₂ tz. chile verde cortado en
cuadritos, p. 7
6 ¹/₂ tz. agua
1 tz. salsa de tomate
1 C. sal, ¹/₄ c. pimienta
1¹/₂ c. chile en polvo

1 Wash beans and set aside. Heat 3 T. oil in deep pot. Add |1| and saute over medium heat until soft. Mix in beans and |2|. Bring to boil, reduce heat, cover and simmer 1 hour stirring occasionally to prevent beans from sticking.

● Serve with Mexican rolls, see p. 84, when used as a main dish.

1 *Lave las lentejas y póngalas a un lado. Caliente 3 C. de aceite en una olla honda. Agregue |1| y sofría a fuego moderado hasta que estén blandas. Agregue las lentejas y |2|. Caliente hasta que hierva, baje el fuego, tape y cocine lentamente por 1 hora revolviendo ocasionalmente para que no se peguen las lentejas.*

● *Sirva con bolillos, p. 84, cuando la sirva como platillo principal.*

Fig. 1

Black Bean Soup

Sopa de Frijoles Negros

2 c. dried black beans, (Fig. 1)
6 strips bacon

1
1 green bell pepper, chopped
1 small onion, chopped

2
1 c. beef broth
1/2 t. ea: ground oregano, cumin
1/4 t. chili powder
1/4 c. cooking sherry
1/2 t. salt, 1/4 t. pepper

2 tz. frijoles negros secos, (Fig. 1)
6 rebanadas de tocino

1
1 pimiento verde picado
1 cebolla chica, picada

2
1 tz. caldo de res
1/2 c. c/u: orégano molido, comino
1/4 c. chile en polvo
1/4 tz. jerez para cocinar
1/2 c. sal, 1/4 c. pimienta

1 Wash beans and place in deep pot with 8 c. water. Bring to boil, cover and simmer 1 1/2 hours until soft. Leave 6 c. bean liquid in pot with beans.

2 Fry bacon in skillet, remove bacon, drain on paper towel, chop, and set aside. Saute **1** (Fig 2.) in bacon grease until soft.

3 Add **1** and **2** to pot with beans and mix. Put mixture in blender, a portion at a time, and mix until smooth. Return mixture to pot, add bacon. Bring to boil, stir, reduce heat, and simmer 40 minutes until soup is thick and creamy.

● Use as a main dish with warm buttered tortillas or serve with other main dishes.

Fig. 1

1 *Lave los frijoles y póngalos en una olla honda con 8 tz. de agua. Caliente hasta que hierva, tape y cocine lentamente por 1 hora y media hasta que estén blandos. Deje 6 tz. del caldo en la olla con los frijoles.*

2 *Fría el tocino en una sartén, saque, escurra en una toalla de papel, corte y ponga a un lado. Sofría **1** (Fig. 2) en la grasa del tocino hasta que esté blando.*

3 *Agregue **1** y **2** a la olla con frijoles y revuelva. Ponga la mezcla en una licuadora, una porción a la vez, y bata hasta que esté suave. Regrese la mezcla a la olla y agregue el tocino. Caliente hasta que hierva, revuelva, baje el fuego y cocine lentamente por 40 minutos hasta que la sopa esté espesa y cremosa.*

● *Use como platillo principal con tortillas calentadas en mantequilla o sirva con otros platos.*

Fig. 2

Meatball Soup
Caldo de Albóndigas

serves 6 • *6 porciones*

1. ³/₄ lb. (340g) ground beef
   1 egg, ¹/₂ c. bread crumbs
   ¹/₂ t. salt, ¹/₄ t. pepper
   1 T. chopped parsley
   ¹/₄ c. long-grain rice

2. 2 c. chopped tomatoes
   1 c. sliced carrots
   4 c. ea: water, beef broth
   ¹/₂ c. chopped onions
   1 T. chopped parsley
   ¹/₂ t. chopped oregano leaves
   1 t. salt, ¹/₄ t. pepper
   ¹/₄ c. long-grain rice

1. *³/₄ lb. (340g) carne de res molida*
   1 huevo, ¹/₂ tz. migas de pan
   ¹/₂ c. sal, ¹/₄ c. pimienta
   1 C. perejil picado
   ¹/₄ tz. arroz de grano largo

2. *2 tz. tomate picado*
   1 tz. zanahoria rebanada
   4 tz. c/u: agua, caldo de res
   ¹/₂ tz. cebolla picada
   1 C. perejil picado
   ¹/₂ c. hojas de orégano, picadas
   1 c. sal, ¹/₄ c. pimienta
   ¹/₄ tz. arroz de grano largo

❧ **This tasty soup was one of my Mother's specialties.** ❧

1. Combine ①, mix thoroughly. Form about 35 bite-size meatballs (Fig 1). Remove excess grease by putting meatballs in flat dish and microwave 5 minutes at medium heat, or pre-boil on stove. Remove meatballs and drain on paper towels.

2. Mix ② in pot, add meatballs. Bring to boil, reduce heat, cover pot and simmer I hour.

● If soup is the main course, serve with buttered tortillas.

❧ *Este sabroso caldo era una de las especialidades de mi madre.* ❧

1. *Combine ①, mezcle completamente. Forme como 35 albóndigas tamaño bocado (Fig. 1). Escurra el exceso de grasa poniendo las albóndigas en el horno de microondas en un plato por 5 minutos a temperatura moderada o calentándolas en una sartén. Saque las albóndigas y escurra en toallas de papel.*

2. *Mezcle ② en una olla, agregue las albóndigas. Caliente hasta que hierva, baje el fuego, tape y cocine lentamente por 1 hora.*

● *Si el caldo es el platillo principal, sirva con tortillas enmantequilladas.*

Fig. 1

Meat and Hominy Soup
Pozole

1 lb. (450g) pork roast
³/₄ lb. (340g) chicken breasts

1 ¹/₄ t. ground cumin
1 t. ground oregano
¹/₂ c. chopped onions
1 t. salt, ¹/₄ t. pepper
2 chicken bouillon cubes

2 c. canned golden hominy,
  drained

1 lb. (450g) carne de puerco
  para asar
³/₄ lb. (340g) pechuga de pollo

1 ¹/₄ c. comino molido
1 c. orégano molido
¹/₂ tz. cebolla picada
1 c. sal, ¹/₄ c. pimienta
2 cubitos de consomé

2 tz. maíz de pozole amarillo
  enlatado, escurrido

1 Place pork and 1 in pot with enough water to cover meat. Bring to boil, reduce heat, cover and simmer about 1 hour. Add chicken, cook an additional 30 minutes until meats are tender. Remove from pot, cool, trim fat, and shred (Fig. 1). Set aside. Let broth cool, skim off fat. Add enough water to have 10 c. of broth.

2 Add shredded meat to broth. Bring to boil, reduce heat, stir in hominy, cover and simmer 15 minutes.

● Use as a main course; serve with tortillas, see p. 13.

1 *Ponga la carne de puerco y* 1 *en una olla con suficiente agua para tapar la carne. Caliente hasta que hierva, baje el fuego, tape y cocine lentamente por 1 hora. Agregue el pollo, cocine por 30 minutos más hasta que las carnes estén tiernas. Saque de la olla, enfríe, quite la gordura y desmenuce la carne (Fig. 1). Ponga a un lado. Deje que el caldo se enfríe, saque la grasa. Agregue suficiente agua para hacer 10 tz. de caldo.*

2 *Agregue la carne desmenuzada al caldo. Caliente hasta que hierva, baje el fuego, agregue el maíz, revuelva y cocine lentamente por 15 minutos.*

● *Use como platillo principal; sirva con tortillas, p. 13.*

Fig. 1

Robert's Chili
Chili de Roberto

serves 8 • *8 porciones*

³/₄ lb. (340g) ea: pork roast, stewing beef

1 | 4 c. canned red kidney beans, undrained
2 t. ea: salt, pepper
3 T. chili powder
4 medium tomatoes, chopped
1 c. tomato paste (Fig. 1)
1¹/₂ t. ea: ground sage, thyme
1 T. basil leaves,
1 t. marjoram leaves

¹/₂ lb. (225g) bacon

2 | 1 large onion, chopped
¹/₂ lb. (225g) fresh mushrooms, sliced
7 garlic cloves, chopped

1 c. Burgundy wine

³/₄ *lb. (340g) c/u: carne de puerco para asar, res para estofar*

1 | *4 tz. frijoles rojos enlatados, sin escurrir*
2 c. c/u: sal, pimienta
3 C. chile en polvo
4 tomates medianos, picados
1 tz. pasta de tomate (Fig. 1)
1¹/₂ c. c/u: salvia molida, tomillo
1 C. hojas de albahaca,
1 c. hojas de mejorana

¹/₂ lb. (225g) tocino

2 | *1 cebolla grande, picada*
¹/₂ lb. (225g) hongos frescos, rebanados
7 dientes de ajo, picados

1 tz. vino tinto

Fig. 1

Fig. 2

➤ **Chili from Robert's kitchen that's fun to prepare.** ➤

1 Cut meat into bite-size pieces (Fig. 2) and braise in deep pot with 2 T. oil. Add **1** to pot, mix and cook over low heat. Cut bacon into 1/2" (1cm) pieces, fry in skillet until crisp, remove and place in pot. Saute **2** in 3 T. bacon grease until onions start to brown, add to pot. When pot starts steaming, add wine. Add water, if needed, to cover solid ingredients.

2 Cover pot, increase heat, bring to boil. Reduce heat and simmer about l hour until meat is tender, stir occasionally. Serve hot.

● Flavor is enhanced if chili is cooled and reheated at a simmer.

➤ *Chili de la cocina de Roberto, una diversión al preparar.* ➤

1 *Corte la carne en pedazos tamaño bocado (Fig. 2) y rehogue en una olla honda con 2 C. de aceite. Agregue* **1** *a la olla, mezcle y cocine a fuego lento. Corte el tocino en pedazos de 1/2" (1cm), fría en una sartén hasta que esté dorado, saque y añada a la olla. Sofría* **2** *en 3 C. de manteca de tocino hasta que la cebolla empiece a dorarse, añada a la olla. Cuando la olla empiece a evaporar agregue el vino. Agregue agua, si es necesario, para tapar los ingredientes completamente.*

2 *Tape la olla, suba el fuego, cocine hasta que hierva. Baje el fuego y cocine lentamente por 1 hora hasta que la carne esté tierna, revuelva ocasionalmente. Sirva caliente.*

● *El sabor se enriquece si se enfría el chili y se recalienta lentamente.*

El Zorro's Chili
Chili de El Zorro

serves 4 • *4 porciones*

1 lb. (450g) chili meat*

[1]
1/2 c. chopped onions
1 garlic clove, minced

[2]
1 c. ea: tomato sauce, water
4 tomatoes, chopped
1/4 c. chopped parsley
1 T. chili powder,
1 t. oregano
1 t. ground cumin
2 c. canned red kidney or
   pinto beans, undrained
1/2 t. salt, 1/8 t. pepper

[3]
1/2 c. shredded cheddar
   cheese, (optional)
1/4 c. chopped onions

1 lb. (450g) carne tipo chili*

[1]
1/2 tz. cebolla picada
1 diente de ajo, finamente
   picado

[2]
1 tz, c/u: salsa de tomate, agua
4 tomates picados
1/4 tz. perejil picado
1 C. chile en polvo,
1 c. orégano
1 c. comino molido
2 tz. frijoles rojos o frijoles
   enlatados, sin escurrir
1/2 c. sal, 1/8 c. pimienta

[3]
1/2 tz. queso Cheddar rallado,
   opcional
1/4 tz. cebolla picada

❧ A treat at El Zorro's as a main dish or over tamales. ❧

1 Break up meat while frying in skillet over medium heat (Fig. 1). Add
   [1], saute until onions are soft and meat is brown. Drain off fat and
   set aside.

2 Place **[2]** and meat mixture in pot, mix well, bring to boil, reduce heat,
   simmer uncovered 1 hour until thick but still moist. Stir occasionally.
   Sprinkle on **[3]** for added flavor. Try over white rice or on hot dogs.

* Chili meat is coarse ground lean beef. Regular ground beef can be used.

❧ *Una delicia en El Zorro, como platillo principal o sobre tamales.* ❧

1 *Desbarate la carne mientras la fríe en una sartén a fuego moderado
   (Fig. 1). Agregue* **[1]**, *sofría hasta que la cebolla esté blanda y la carne
   esté dorada. Escurra la grasa y ponga a un lado.*

2 *Ponga* **[2]** *y la mezcla de carne en una olla, revuelva bien, caliente hasta
   que hierva, baje el fuego, cocine lentamente sin tapar por 1 hora hasta
   que esté espesa y aún húmeda. Revuelva ocasionalmente. Espolvoree
   [3] para aumentar sabor. Pruébelo sobre arroz blanco o perros calientes.*

* *Carne tipo chili es carne molida no finamente picada. Se puede usar
   carne molida regular.*

Fig. 1

Chili Colorado
Chili Colorado

2¹/₄ lbs. (1015g) stewing beef

1 | ¹/₂ c. diced green chilies, see p. 7
1¹/₂ c. chopped onions

2 | 2 c. water
¹/₂ c. all-purpose flour

3 | 2 c. chopped tomatoes
1 T. chili powder
1 t. ground cumin,
1 t. ground oregano
2 t. salt
¹/₂ c. chopped cilantro

2¹/₄ lbs. (1015g) res para estofar

1 | ¹/₂ tz. chiles verdes picados en cuadritos, p. 7
1¹/₂ tz. cebolla picada

2 | 2 tz. agua
¹/₂ tz. harina

3 | 2 tz. tomate picado
1 C. chile en polvo
1 c. comino molido
1 c. orégano molido
2 c. sal
¹/₂ tz. cilantro picado

1. Cut meat into bite-size pieces (Fig. 1). Heat 2 T. oil in deep pot, add meat and braise. Saute **1** in skillet with 2 T. oil until soft, add to pot. Mix **2** in bowl until blended, add **3** , mix and add to pot, mix thoroughly.

2. Bring to boil, reduce heat and simmer, uncovered about 1 hour until meat is tender. Stir occasionally.

● Serve with warm tortillas, or over Mexican white rice, see p. 30.

1. *Corte la carne en pedazos tamaño bocado (Fig. 1). Caliente 2 C. de aceite en una olla honda, agregue la carne y rehogue. Sofría **1** en una sartén con 2 C. de aceite hasta que esté blando, agregue a la olla. Revuelva **2** en un tazón hasta que esté bien unido, agregue **3** , mezcle y agregue a la olla, mezcle completamente.*

2. *Cocine hasta que hierva, baje el fuego y cocine lentamente sin tapar por 1 hora hasta que la carne esté tierna. Revuelva ocasionalmente.*

● *Sirva con tortillas calientes, o sobre Arroz Blanco a la Mexicana, p. 30.*

Fig. 1

Pork Stew
Estofado de Puerco

serves 6 • *6 porciones*

3 lbs. (1350g) boneless pork roast

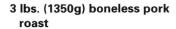
1 c. chopped onions
2 garlic cloves, chopped

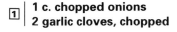
1½ c. water
¼ t. sugar
1 T. ea: cumin, chili powder
1 t. ea: ground oregano, salt

3 3 T. flour
½ c. water

½ lb. (225g) link chorizo, see p. 12
4 medium potatoes, peeled
2 tomatoes
½ lb. (225g) cut string beans

3 lbs. (1350g) carne de puerco sin huesos

1 1 tz. cebolla picada
2 dientes de ajo, picados

2 1 tz. agua
¼ c. azúcar
1 C. c/u: comino, chile en polvo
1 c. c/u: orégano molido, sal

3 3 C. harina
½ tz. agua

½ lb. (225g) chorizo, p. 12
4 papas medianas, peladas
2 tomates
½ lb. (225g) ejotes

1 Cut pork into bite-size pieces, trim fat (Fig. 1). Heat 1 T. oil in deep pot over high heat, add meat and braise. Remove meat and drain all but 2 T. of juice. Add **1**, saute until soft.

2 Return meat, add **2**, bring to boil, cover, and reduce heat. Mix **3** in bowl until blended, stir into pot, cover and simmer 45 minutes.

3 Remove casing from chorizo and cut into 1" (2cm) slices, cut potatoes into bite-size pieces, cut tomatoes into chunks (Fig. 2), add to pot. Add string beans, cover and simmer 30 minutes until meat and potatoes are tender.

● Tortillas and refried beans go well with this dish.

Fig. 1

1 *Corte el puerco en pedazos tamaño bocado y quítele la grasa (Fig. 1). Caliente 1 C. de aceite en una olla honda a fuego alto, agregue la carne y déjela cocinar a fuego lento. Remueva la carne y saque el jugo dejando 2 C. Agregue **1**, sofría hasta que se ablande.*

2 *Regrese la carne a la olla, agregue **2**, caliente hasta que hierva, tape y baje el fuego. En un tazón mezcle bien **3**, revuelva y agregue a la olla. Tape y cocine a fuego lento por 45 minutos.*

3 *Quite la piel al chorizo y córtelo en rebanadas de 1" (2cm), corte las papas en pedazos tamaño bocado, corte los tomates en pedazos (Fig. 2) y agregue a la olla. Añada los ejotes, tape y cocine a fuego lento por 30 minutos hasta que la carne y las papas estén blandas.*

● *Tortillas y frijoles refritos acompañan bien este plato.*

Fig. 2

Mexican Pork Chops
Chuletas de Puerco a la Mexicana

serves 6 · *6 porciones*

6 large pork chops

⎡1⎤
- ¹/₂ c. diced green chilies, see p. 7
- 4 ripe tomatoes, chopped
- 1¹/₂ c. ea: canned undrained whole kernel corn, red kidney beans
- ¹/₂ c. long-grain rice
- 1 t. salt, ¹/₄ t. pepper

6 chuletas grandes de puerco

⎡1⎤
- *¹/₂ tz. chile verde picado en cuadritos, p. 7*
- *4 tomates maduros, picados*
- *1¹/₂ tz. c/u: granos de elote enlatados, sin escurrir, frijoles rojos*
- *¹/₂ tz. arroz de grano largo*
- *1 c. sal, ¹/₄ c. pimienta*

1 Trim fat from pork chops. Heat 1 T. oil in skillet and brown pork on both sides about 5 minutes over high heat. Remove meat and drain fat.

2 Mix ⎡1⎤ in skillet, bring to boil for 1 minute. Place in 9" x 13" (22cm x 32cm) baking dish and place pork chops on top. Cover with foil, bake in oven at 350°F 30 minutes. Uncover and bake 10 more minutes until rice is cooked.

● Corn tortillas and vegetables go well with this complete meal.

1 *Corte la gordura de la carne. Caliente 1 C. de aceite en una sartén y dore las chuletas por ambos lados como por 5 minutos a fuego alto. Saque la carne y escurra la grasa.*

2 *Mezcle ⎡1⎤ en la sartén, hierva por 1 minuto. Ponga en un recipiente de hornear de 9" x 13" (22cm x 32cm) y coloque las chuletas sobre la mezcla. Tape con papel de aluminio, hornee a 350°F (175°C) por 30 minutos. Destape y hornee por 10 minutos más hasta que el arroz esté cocido.*

● *Vegetales y tortillas de maíz acompañan bien esta comida completa.*

Spareribs
Costillas

1
¼ c. diced green chilies, see p. 7
¼ c. ea: butter, chopped cilantro
1 c. finely chopped celery
½ c. finely chopped onions

2
½ c. tomato sauce
¼ c. red wine vinegar
1 c. brown sugar
1 t. chili powder
1 t. mustard

2 c. canned crushed pineapple, undrained
3½ lbs. (1575g) beef or pork ribs

1
¼ tz. chiles verdes picados en cuadritos, p. 7
¼ tz. c/u: mantequilla, cilantro picado
1 tz. apio, finamente picado
½ tz. cebolla, finamente picada

2
½ tz. salsa de tomate
¼ tz. vinagre de vino tinto
1 tz. azúcar café
1 c. c/u: chile en polvo, mostaza

2 tz. piña machacada enlatada, sin escurrir
3½ lbs. (1575g) costillas de res o de puerco

≈ Spareribs from tropical Mexico. ≈

1 Saute **1** (Fig. 1) over medium heat until soft. Add **2** , and finely crushed pineapple with juice. Bring to boil, reduce heat and stir 15 minutes until mixture thickens. Remove heat, set sauce aside.

2 Cut rib rack into individual ribs (Fig. 2), place in pot with enough water to cover ribs. Bring to boil, reduce heat, cover and simmer 15 minutes, drain. Place ribs, meat side up, in 9" x 13" (22cm x 32cm) baking dish. Coat thoroughly with sauce from Step 1 and marinate in refrigerator 1 hour.

3 Preheat oven to 350°F and bake uncovered, basting occasionally for 30 minutes. Serve with Mexican vegetables, see p. 25.

≈ *Costillas del México tropical.* ≈

1 *Sofría* **1** *(Fig. 1) a fuego moderado hasta que esté blando. Agregue* **2** *, y la piña finamente machacada con su jugo. Caliente hasta que hierva, baje el fuego y revuelva por 15 minutos hasta que la mezcla esté espesa. Apague el fuego, ponga la salsa a un lado.*

2 *Corte el costillar en costillas individuales (Fig. 2), ponga en una olla con suficiente agua para tapar las costillas. Caliente hasta que hierva, baje el fuego, tape y cocine lentamente por 15 minutos, escurra. Ponga las costillas, con el lado de la carne arriba, en un recipiente de hornear de 9" x 13" (22cm x 32cm). Tape completamente con la salsa del paso 1 y escabeche en el refrigerador por 1 hora.*

3 *Precaliente el horno a 350ºF (175ºC) y hornee sin tapar, rociando con sus jugos ocasionalmente por 30 minutos. Sirva con Vegetales Mexicanos, p. 25.*

Fig. 1

Fig. 2

Mexican Steak
Bistec a la Mexicana

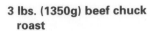

serves4 • *4 porciones*

3 lbs. (1350g) beef chuck roast

1 | 1 t. ea: salt, chili powder
½ t. pepper

2 | 1 small red onion, sliced
1 medium green bell pepper, sliced
1 c. sliced mushrooms

3 | 1 large tomato, sliced
¼ c. tomato sauce

3 lbs. (1350g) carne de res para asar

1 | *1 c. c/u: sal, chile en polvo*
½ c. pimienta

2 | *1 cebolla morada pequeña, cortada*
1 pimiento verde mediano, cortado
1 tz. hongos rebanados

3 | *1 tomate grande, cortado*
¼ tz. salsa de tomate

1 Heat 1 T. oil over high heat in skillet. Braise meat in skillet, remove and season both sides with mixture **1**. Place meat in baking dish with 1/4 c. water.

2 Preheat oven to 350°F, cover and bake meat about 1 1/2 hours until tender. Remove, trim fat, and cut across grain into 1/2" (1cm) thick slices. Return meat to baking dish and let stand in juices.

3 Heat 2 T. oil in skillet. Add **2** (Fig. 1) and saute until onions are soft. Mix in **3**, cook 5 more minutes. Serve with meat.

● Mexican rolls or comb bread, see pp. 84, 85, go well with this steak along with rice.

1 *Caliente 1 C. de aceite en una sartén a fuego alto. Rehogue la carne en la sartén, remueva y sazone ambos lados con la mezcla **1**. Ponga la carne en un recipiente de hornear con 1/4 tz. agua.*

2 *Precaliente el horno a 350ºF (175ºC), cubra la carne y hornéela por 1 1/2 horas hasta que esté blanda. Sáquela, quítele la grasa y córtela en rebanadas de 1/2" (1cm) de grueso, opuesto a la fibra. Devuelva la carne al recipiente de hornear y déjela reposar en el jugo.*

3 *Caliente 2 C. de aceite en una sartén. Agregue **2** (Fig. 1) y sofría hasta que la cebolla esté blanda. Agregue y mezcle **3**, cocine por 5 minutos más. Sírvalo con la carne.*

● *Bolillos o Pan Peineta, pp. 84, 85, acompañan bien este plato servido con arroz.*

Fig. 1

Fajitas

Fajitas

serves 4 • *4 porciones*

8 flour tortillas, 8" (20cm),
see p. 13
1 lb. (450g) boneless chicken
breasts or round steak

1 | 2 T. lemon juice
2 t. oil
1/2 t. ea: ground cumin, salt,
pepper, chili powder,
finely chopped cilantro

2 | 1 ea: green, red, and yellow
bell peppers, onion

3 | 3 T. teriyaki sauce
1 large tomato, cut in wedges

8 tortillas de harina de 8"
(20cm), p. 13
1 lb. (450g) pechuga de pollo
sin hueso o bistec de rueda

1 | *2 C. jugo de limón*
2 c. aceite
1/2 c. c/u: comino molido, sal,
pimienta, chile en polvo,
cilantro finamente picado

2 | *1 c/u: pimiento verde, rojo y*
amarillo, cebolla

3 | *3 C. salsa teriyaki*
1 tomate grande, cortado
en tajadas

>• **A popular dish which can be a whole meal.** •<

1 Wash and skin chicken, pat dry. Cut chicken (or beef) in long strips
(Fig. 1). Mix **1** add in meat and marinate for 30 minutes. Cut **2** lengthwise and separate onion rings (Fig. 2).

2 Heat 2 T. oil in skillet over high heat, add **2**, fry until lightly brown,
push to one side, add and fry meat until cooked. Mix in **2** and **3** and
saute 1 minute. Serve with warm tortillas.

● Salsa, sour cream and avocado mix go well with this dish along with
refried beans.

>• *Un platillo popular que puede ser una comida completa.* •<

1 *Lave y quite la piel al pollo, seque ligeramente. Corte el pollo (o res) en*
tiras largas (Fig. 1). Mezcle **1** *, agregue la carne y escabeche por 30*
minutos. Corte **2** *a lo largo y separe las rodajas de cebolla (Fig. 2).*

2 *Caliente 2 C. de aceite en una sartén a fuego alto, agregue* **2** *, fría hasta*
que esté un poco dorado, mueva a los lados de la sartén. Agregue la
carne y fríala hasta que esté cocida. Agregue **2** *y* **3** *y sofría por un*
minuto. Sirva con tortillas calientes.

● *Este platillo se complementa con salsa, crema agria, guacamole y frijoles*
refritos.

Fig. 1

Fig. 2

Chicken in Mole Sauce
Pollo en Mole

3 lbs. (1350g) chicken

2 T. creamy peanut butter
2 T. chocolate syrup
3 T. chili powder
1 c. tomato sauce   **1**
½ t. ground cloves
½ t. ground cinnamon
½ t. paprika
1 t. salt

1 c. peas

3 lbs. (1350g) pollo

2 C. crema de cacahuate,
*   cremosa*
2 C. almíbar de chocolate
3 C. chile en polvo
1 tz. salsa de tomate   **1**
½ c. clavo molido
½ c. canela molida
½ c. paprika
1 c. sal

1 tz. chícharos

❧ A tasty treat at Grandmother's. ❧

1 Wash chicken, cut into 8 pieces (remove skin if desired). Place in pot with enough water to cover chicken. Bring to boil, reduce heat, cover and simmer about 15 minutes. Remove all broth and add back 1²/₃ c. of broth into pot.

2 Mix **1** in bowl, add to pot and mix well. Bring to boil, reduce heat and cook about 25 minutes. Add peas and cook 5 minutes.

● Serve with warm tortillas and Mexican white rice or Spanish rice, see pp. 30, 29.

❧ *Algo sabroso de la casa de mi abuelita.* ❧

1 *Lave el pollo, corte en 8 pedazos (quite la piel si desea). Ponga en una olla con suficiente agua para tapar el pollo. Caliente hasta que hierva, baje el fuego, tape y caliente lentamente por 15 minutos. Saque todo el caldo y regrese 1 2/3 tz. del caldo a la olla.*

2 *Mezcle* **1** *en un tazón, agregue a la olla y revuelva bien. Caliente hasta que hierva, baje el fuego y cueza por 25 minutos. Agregue los chícharos y cueza por 5 minutos.*

● *Sirva con tortillas calientes y Arroz Blanco a la Mexicana o Arroz Español, pp. 30, 29.*

Chicken with Pineapple

Pollo con Piña

2 c. chopped fresh or canned
  pineapple

 ¼ c. butter
  1 c. finely chopped celery
  ½ c. finely chopped onions

 ¼ c. red wine vinegar
  ½ c. ketchup
  1 t. ea: chili powder, mustard
  1 c. brown sugar

3 lbs. (1350g) frying chicken

2 tz. piña fresca o enlatada,
  picada

 ¼ tz. mantequilla
  1 tz. apio, finamente picado
  ½ tz. cebolla, finamente
  picada

 ¼ tz. vinagre de vino tinto
  ½ tz. salsa catsup
  1 c. c/u: chile en polvo, mostaza
  1 tz. azúcar café

3 lbs. (1350g) pollo para freír

❧ A favorite in the Vasquez home. ❧

1 Put pineapple in blender, chop to make sauce. Saute ① over medium heat until brown. Add ② and sauce. Bring to boil, reduce heat and stir about 15 minutes. Remove heat, let cool.

2 Wash chicken and cut into 8 pieces, (remove skin if desired). Put chicken, skin-side up, in baking dish. Spread 1/2 of pineapple sauce over meat. Cover and marinate in refrigerator 1 hour.

3 Bake uncovered in 350°F oven about 30 minutes. Remove and drain grease from baking dish. Spoon remaining sauce over meat and bake 15 more minutes until meat is tender.

❧ *Un platillo favorito de la casa de los Vásquez.* ❧

1 *Muela la piña en una licuadora para hacer la salsa. Sofría ① a fuego moderado hasta que esté dorado. Agregue ② y la salsa. Caliente hasta que hierva, baje el fuego y mezcle por 15 minutos. Apague el fuego, deje enfriar.*

2 *Lave el pollo y corte en 8 pedazos (quite la piel si desea). Ponga el pollo, piel arriba, en un recipiente de hornear. Agregue la mitad de la salsa de piña sobre la carne. Tape y escabeche en el refrigerador por 1 hora.*

3 *Hornee sin tapar a 350ºF (175ºC) como por 30 minutos. Saque y escurra la grasa del recipiente. Agregue la salsa restante sobre la carne y hornee por 15 minutos más hasta que la carne esté tierna.*

Chicken with Rice
Arroz con Pollo

3 lbs. (1350g) frying chicken

1
- **¹/₂ c. chopped onions**
- **1 garlic clove, minced**
- **1 c. long-grain rice**

2
- **3 tomatoes, cut in chunks**
- **2 c. chicken broth**
- **¹/₂ t. chili powder**
- **1 t. salt, ¹/₈ t. pepper**

1¹/₂ c. peas

3 lbs. (1350g) pollo para freír

1
- *¹/₂ tz. cebolla picada*
- *1 diente de ajo,*
  finamente picado
- *1 tz. arroz de grano largo*

2
- *3 tomates picados en pedazos*
  grandes
- *2 tz. caldo de pollo*
- *¹/₂ c. chile en polvo*
- *1 c. sal, ¹/₈ c. pimienta*

1¹/₂ tz. chícharos

❧ **Another favorite at Grandmother's.** ❧

1 Wash chicken, pat dry, and cut into 8 pieces (remove skin if desired). Heat 3 T. oil in deep skillet over high heat. Fry chicken about 15 minutes until brown on both sides. Remove chicken and saute **1** in juices over medium heat until lightly brown.

2 Add **2**, mix well. Increase heat and bring to boil. Return chicken to skillet; lower heat, cover, and simmer about 25 minutes until chicken is fully cooked, (no pink) and rice is tender. Add water if needed to keep rice moist.

3 Mix in peas, cook 5 more minutes. Serve with warm tortillas.

❧ *Otro platillo favorito de la casa de mi abuelita.* ❧

1 *Lave el pollo, seque ligeramente y corte en 8 pedazos (quite la piel si desea). Caliente 3 C. de aceite en una sartén honda a fuego alto. Fría el pollo como por 15 minutos hasta que esté dorado por ambos lados. Sáquelo y sofría* **1** *en el jugo restante a fuego moderado hasta que esté ligeramente dorado.*

2 *Agregue* **2**, *mezcle bien. Suba el fuego y caliente hasta que hierva. Regrese el pollo al sartén; baje el fuego, tape, cocine lentamente como por 25 minutos hasta que el pollo esté completamente cocido, no rosado, y el arroz esté tierno. Agregue agua si es necesario para mantener el arroz húmedo.*

3 *Agregue los chícharos, cocine por 5 minutos más. Sirva con tortillas calientes.*

Red Snapper Veracruz Style
Huachinango a la Veracruzana
serves 4 • 4 porciones

1 ¹/₂ c. chopped onions
1 garlic clove, minced

1 ¹/₄ c. diced green chilies,
  see p. 7
1 T. chopped cilantro
1 c. chopped tomatoes

2 ¹/₈ t. ea: ground cloves
  (Fig. 1), cinnamon
¹/₄ t. ea: sugar, drained capers
²/₃ c. canned bay shrimps,
  drained
2 t. lemon juice

4 Red Snapper fillets*
¹/₄ c. flour

3 ¹/₂ c. pimento green olives
4 lemon slices

1 ¹/₂ tz. cebolla picada
1 diente de ajo, finamente
  picado

¹/₄ tz. chile verde picado en
  cuadritos, p. 7
1 C. cilantro picado
1 tz. tomate picado

2 ¹/₈ c. c/u: clavo molido (Fig.1),
  canela
¹/₄ c. c/u: azúcar, alcaparra
  escurrida
²/₃ tz. camarones chicos
  enlatados, escurridos
2 C. jugo de limón

4 filetes de huachinango*
¹/₄ tz. harina

3 ¹/₂ tz. aceitunas verdes con
  pimiento
4 tajadas de limón

Fig. 1

Fig. 2

❧ **The sauce "makes" this popular fish dish.** ❧

1 Heat 2 T. oil in skillet over medium heat. Saute onions and garlic until soft. Add and stir in **1** (Fig. 2). Mix **2**, add to skillet, cook 10 minutes stirring occasionally. Keep warm.

2 Heat 3 T. butter over medium heat. Dust fish with flour and fry both sides until golden and flaky. Cover serving dish with a portion of warm sauce. Arrange fish on dish and pour on remaining sauce. Serve with potato slices and fried bread. Top with **3**.

* Any fresh, firm, white-meat fish fillets can be used. If desired, rinse fillets and pat dry; too much water can soften the meat.

❧ *La salsa "hace" este popular platillo de pescado.* ❧

1 *Caliente 2 C. de aceite en una sartén a fuego moderado. Sofría la cebolla y el ajo hasta que estén blandos. Agregue y revuelva* **1** *(Fig. 2). Mezcle* **2**, *agregue a la sartén, cocine por 10 minutos revolviendo ocasionalmente. Mantenga caliente.*

2 *Caliente 3 C. de mantequilla a fuego moderado. Espolvoree harina sobre el pescado y fría ambos lados hasta que esté dorado y hojaldrado. Cubra el plato en que lo va a servir con una porción de la salsa tibia. Arregle el pescado en el plato y vacíe la salsa restante. Sirva con rebanadas de papas y pan frito. Cubra con* **3**.

* *Puede usar cualquier filete de pescado fresco de carne blanca y firme. Si lo desea, enjuague los filetes y séquelos ligeramente; mucha agua puede ablandar la carne.*

Baked Fish
Pescado al Horno

serves 4 • 4 porciones

foil for wrapping
4 red snapper fillets*
¹/₂ c. salsa, see p. 10
4 fresh cilantro sprigs
1 lemon, quartered

papel de aluminio para envolver
*4 filetes de huachinango**
¹/₂ tz. salsa, p. 10
4 ramitas cilantro fresco
1 limón cortado en cuatro

1 Cut 4 pieces of foil, each large enough to fully wrap a fillet. Place a fillet in center of piece of foil, spread 2 T. salsa over each fillet. Top with a cilantro sprig (Fig. 1). Wrap fillets in foil, perforate with fork and place on baking pan.

2 Bake in oven at 400°F 10 to 12 minutes depending on thickness of fillets. Serve while warm with lemon quarters on the side. Rice goes well with this dish.

* Any fresh fish can be used. If desired, lightly rinse fillets and pat dry; too much fresh water can soften the meat.

1 *Corte 4 pedazos de papel de aluminio, cada uno suficientemente grande para envolver un filete. Ponga un filete al centro de cada pedazo de aluminio, cubra cada filete con 2 C. de salsa y arriba acomode una ramita de cilantro (Fig. 1). Envuelva los filetes en el aluminio, perfore con un tenedor y póngalos en un recipiente de hornear.*

2 *Ponga al horno a 400ºF (205ºC) por 10 ó 12 minutos dependiendo del grosor de los filetes. Sirva caliente con rebanadas de limón al lado. Arroz acompaña muy bien este plato.*

* *Se puede usar cualquier pescado fresco. Si prefiere, enjuague un poco los filetes y séquelos ligeramente. Demasiada agua fresca puede ablandar la carne.*

Fig. 1

Shrimp in Sauce
Camarones en Salsa

1 lb. (450g) raw shelled shrimp, medium size

1 | **¹/₂ c. chopped onions**
1 garlic clove, minced

2 | **¹/₂ c. tomato sauce,**
¹/₄ c. ketchup
¹/₃ c. dark brown sugar
1 T. ea: red wine vinegar, mustard
1 t. chili powder

4 c. cooked Mexican white rice, see p. 30

1 lb. (450g) camarones crudos, medianos y pelados

1 | *¹/₂ tz. cebolla picada*
1 diente de ajo, finamente picado

2 | *¹/₂ tz. salsa de tomate,*
¹/₄ tz. salsa catsup
¹/₃ tz. azúcar café
1 C. c/u: vinagre de vino tinto, mostaza
1 c. chile en polvo

4 tz. Arroz Blanco a la Mexicana, p. 30

1 Rinse and de-vein shrimp, drain and set aside. Heat 2 T. butter in skillet and saute **1** until soft. Mix in **2**, cook uncovered over low heat 5 minutes. Add cleaned shrimp, mix and cook about 8 minutes until shrimp is cooked.

2 Place cooked rice on individual plates and spoon on sauce and shrimp mixture.

● Serve with Mexican style rolls or comb bread, see pp. 84, 85.

1 *Enjuague y desvene los camarones, escurra y ponga a un lado. Caliente 2 C. de mantequilla en una sartén y sofría **1** hasta que esté blando. Agregue **2**, mezcle y cocine sin tapar a fuego lento por 5 minutos. Agregue los camarones limpios, revuelva y cocine como por 8 minutos hasta que estén cocidos.*

2 *Ponga el arroz cocido en platos individuales y agregue la salsa y la mezcla de camarones.*

● *Sirva con bolillos o Pan Peineta pp. 84, 85.*

Mexican Lasagna
Lasaña Mexicana

6 green chilies, 6" (15cm)
long, see p. 7
3 flour tortillas, 8" (20cm),
see p. 13
1 lb. (450g) lean ground beef
$^1/_2$ c. chopped onions

1
1 t. ea: salt, chili powder
$^1/_8$ t. pepper
1$^1/_2$ c. tomato sauce
1$^1/_2$ c. canned red kidney
beans, drained

2
$^3/_4$ c. ea: shredded cheddar
cheese, jack cheese
2 c. cottage cheese
1 c. sour cream

3
$^1/_4$ c. ea: shredded cheddar
cheese, jack cheese

$^1/_4$ c. sliced black olives

6 chiles verdes de 6" (15cm)
de largo, p. 7
3 tortillas de harina de 8"
(20cm), p. 13
1 lb. (450g) carne de res
molida
$^1/_2$ tz. cebolla picada

1
1 c. c/u: sal, chile en polvo
$^1/_8$ c. pimienta
1$^1/_2$ tz. salsa de tomate
1$^1/_2$ tz. frijoles rojos enlatados,
escurridos

2
$^3/_4$ tz. c/u: de queso rallado,
Cheddar y Monterey Jack
2 tz. requesón
1 tz. crema agria

3
$^1/_4$ tz. c/u: queso Cheddar y
Monterey Jack rallado

1/4 tz. aceitunas negras
rebanadas

1 Break up meat in skillet over medium heat. Add onions, saute until onions are soft and meat is cooked. Drain fat, add **1**, mix (Fig. 1), set aside. Mix **2** and set aside. Shred chilies into strips and cut each tortilla into 4 strips (Fig. 2).

2 Spread 1/3 of meat mixture in bottom of 9" x 9" (22cm x 22cm) baking dish, add layers of half the: tortilla strips, chili strips, and mixture **2** (Fig 3). Repeat layers, starting with another layer of meat mixture and top with remaining meat mixture. Sprinkle on **3** and top with olives. Bake uncovered in 350°F oven 30 minutes until cheese melts and lasagna is thoroughly heated.

1 *Desbarate la carne en una sartén a fuego moderado. Agregue la cebolla y sofría hasta que esté blanda y la carne cocida. Quite la grasa, agregue* **1**, *mezcle (Fig. 1) y deje aparte. Mezcle* **2** *y deje aparte. Corte los chiles en tiritas y cada tortilla en 4 tiras (Fig. 2).*

2 *Extienda 1/3 de la mezcla de carne en el fondo de un recipiente de hornear de 9" x 9" (22cm x 22cm), agregue en capas la mitad de tiras de tortilla, tiritas de chile y mezcla* **2** *(Fig. 3). Repita las capas comenzando con otra capa de mezcla de carne y terminando con el resto de la mezcla de carne. Espolvoree encima* **3** *y cubra con aceitunas. Cocine sin tapar al horno a 350°F (175ºC) por 30 minutos hasta que el queso se derrita y la lasaña esté totalmente caliente.*

Fig. 1

Fig. 2

Fig. 3

Tamale Casserole *Good (Double the cheese)*
Guiso de Tamales

serves 6 · *6 porciones*

1 lb. (450g) lean ground beef

1
- **1 c. chopped onions**
- **1 c. chopped green bell pepper**

2
- **2 c. tomato sauce**
- **1¹/₂ c. canned whole kernel corn, drained**
- **¹/₂ c. chopped black olives**
- **1 t. salt, 2 t. chili powder**
- **¹/₄ t. ground cumin**

1¹/₂ c. shredded cheddar cheese

3
- **2 c. cold water, ¹/₂ t. salt**
- **³/₄ c. yellow corn meal (Fig. 1)**

1 T. margarine or butter

1 lb. (450g) carne de res molida

1
- *1 tz. cebolla picada*
- *1 tz. pimiento verde picado*

2
- *2 tz. salsa de tomate*
- *1¹/₂ tz. granos de elote enlatados, escurridos*
- *¹/₂ tz. aceitunas negras picadas*
- *1 c. sal, 2 c. chile en polvo*
- *¹/₄ c. comino molido*

1¹/₂ tz. queso Cheddar rallado

3
- *2 tz. agua fría, ¹/₂ c. sal*
- *³/₄ tz. harina de maíz amarilla (Fig. 1)*

1 C. margarina o mantequilla

1 Prepare filling by browning and breaking up meat in skillet over medium heat. Add **1**, cook 10 minutes until soft (Fig. 2), drain off grease. Mix **2** in pot, add meat mixture, and simmer 20 minutes until thick. Add cheese, stir until melted. Pour mixture into 9" (22cm) baking or casserole dish (Fig. 3).

2 Prepare crust by placing **3** in a pot. Cook over medium heat, stir occasionally until thick. Add butter, mix well. Spread crust mixture over meat mixture (Fig. 4). Bake uncovered in oven at 375°F 40 minutes until crust is golden.

1 *Prepare el relleno dorando y desbaratando la carne en una sartén a fuego moderado. Agregue* **1***, cocine por 10 minutos hasta ablandar (Fig. 2), escurra la grasa. Mezcle* **2** *en una olla, agregue la mezcla de carne y hierva a fuego lento por 20 minutos hasta que esté espeso. Agregue el queso y revuelva hasta que se derrita. Ponga esta mezcla en un recipiente o cacerola de hornear de 9" (22cm) (Fig. 3).*

2 *Prepare la masa agregando* **3** *en una olla. Cocine a fuego moderado, revolviendo ocasionalmente hasta que esté espeso. Agregue la mantequilla, revuelva bien. Extienda la masa sobre la mezcla de carne (Fig. 4). Cocine al horno sin tapar a 375°F (190°C) por 40 minutos hasta que la masa esté dorada.*

Fig. 1

Fig. 2

Fig. 3

Fig. 4

Enchilada Casserole
Guiso de Enchiladas

serves 6 • 6 porciones

18 corn tortillas, see p. 14

⊡1
2 lbs. (900g) lean ground beef
1¹/₂ c. chopped onions

⊡2
2 t. salt
¹/₄ t. ea: pepper, ground cumin
2¹/₂ t. chili powder
1 c. sliced black olives
4¹/₂ c. tomato sauce,
2 c. water
2 T. corn starch

3¹/₂ c. shredded cheddar cheese

18 tortillas de maíz, p. 14

⊡1
2 lbs. (900g) carne de res molida
1¹/₂ tz. cebolla picada

⊡2
2 c. sal
¹/₄ c. c/u: pimienta, comino molido
2¹/₂ c. chile en polvo
1 tz. aceitunas negras rebanadas
4¹/₂ tz. salsa de tomate
2 tz. agua
2 C. maicena

3¹/₂ tz. queso Cheddar rallado

❧ **A favorite in Betty's home, for the busy cook.** ☙

1 Cut tortillas into wedges (Fig. 1), set aside. Place ⊡1 in skillet over medium heat. Break up meat while frying. Fry until meat is cooked. Drain off fat, set aside.

2 Mix ⊡2 in bowl until well blended. Add meat mixture, tortilla wedges and cheese; mix thoroughly. Pour into 9" x 13" (22cm x 32cm) baking dish and bake uncovered in oven at 350°F 30 minutes.

● Corn and zucchini mixture, see p. 24, is a good side dish along with meat and hominy soup, see p. 41.

❧ *Un plato favorito en la casa de Betty para el cocinero muy ocupado.* ☙

1 *Corte las tortillas en triángulos (Fig. 1). Ponga ⊡1 en una sartén a fuego moderado. Desbarate la carne mientras se fríe. Fría hasta que la carne esté cocida. Quítele la grasa, ponga la carne a un lado.*

2 *Mezcle ⊡2 en un tazón hasta que esté bien revuelto. Agregue la mezcla de carne, tortillas y queso; revuelva completamente. Vacíe en un recipiente de hornear de 9" x 13" (22cm x 32cm) y cocine destapado al horno a 350ºF (175ºC) por 30 minutos.*

● *Guiso de Elote y Calabacitas, p. 24, es un buen platillo para acompañar este plato, lo mismo que carne y pozole, p. 41.*

Fig. 1

Chili Casserole
Guiso de Chiles

7 green chilies, 6" (15cm)
long, see p. 7
2 c. ea: shredded jack cheese,
shredded cheddar cheese

1
6 large eggs, beaten
³/₄ c. milk
¹/₂ t. ea: ground cumin, salt
¹/₄ t. pepper

1 large tomato

*7 chiles verdes de 6"(15cm)
de largo, p. 7
2 tz. c/u: de queso rallado,
Monterey Jack y Cheddar*

1
*6 huevos grandes, batidos
³/₄ tz. leche
¹/₂ c. c/u: comino molido, sal
¹/₄ c. pimienta*

1 tomate grande

1 Split each chili lengthwise into 2 pieces. Reserve 2 pieces. Lay half the chilies (6 pieces) flat in bottom of greased 9" x 13" (22cm x 32cm) baking dish, top with half the cheese. Repeat with a second layer (Fig. 1).

2 Mix **1** and pour over casserole. Chop tomato and reserved chili and sprinkle on casserole. Bake uncovered in oven at 350°F 40 minutes.

● Fresh fruit goes nicely with this dish.

1 *Divida cada chile a lo largo en 2 pedazos. Reserve 2 mitades. Acomode la mitad de los chiles (6 pedazos) acostados al fondo de un recipiente de hornear de 9" x 13" (22cm x 32cm), cubra con la mitad del queso. Repita con una segunda capa (Fig. 1).*

2 *Mezcle **1** y vacíe sobre el guiso. Corte el tomate y chile dejado aparte y desparrame sobre el guiso. Cocine destapado al horno a 350°F (175°C) por 40 minutos.*

● *Fruta fresca acompaña bien este plato.*

Fig. 1

Chicken Casserole
Guiso de Pollo

serves 4 · *4 porciones*

1 lb. (450g) boneless chicken
  breasts
12 flour tortillas, 6" (15cm),
  see p. 13

1 1 c. diced green chilies,
    see p. 7
  ½ c. chopped tomatoes
  1 c. chopped onions
  1 T. vinegar
  1 c. milk
  2 c. cream of chicken soup

4 c. shredded cheddar
  cheese

1 lb. (450g) pechugas de pollo
  sin huesos
12 tortillas de harina de 6"
  (15cm), p. 13

1 *1 tz. chile verde picado en*
    cuadritos, p. 7
  ½ tz. tomate picado
  1 tz. cebolla picada
  1 C. vinagre
  1 tz. leche
  2 tz. crema de sopa de pollo

4 tz. queso Cheddar rallado

1 Wash chicken, wrap in foil (Fig. 1) and bake 45 minutes at 350°F. Butter a 9"x13" (22cm x 32cm) baking dish, pour in drippings. Let meat cool and cut into bite-size pieces. Mix 1 in bowl, set aside.

2 Cut tortillas in small pieces, spread half the pieces in baking dish, then half the chicken pieces (Fig. 2), half of mixture 1, and half the cheese in layers. Repeat with a second layer. Bake uncovered in oven at 350°F 30 minutes.

1 *Lave el pollo, envuélvalo en papel de aluminio (Fig. 1) y hornee por 45 minutos a 350ºF (175ºC). Engrase un recipiente de hornear de 9" x 13" (22cm x 32cm), vacíe allí los jugos. Deje enfriar la carne y córtela en pedazos tamaño bocado. En un tazón mezcle 1, deje aparte.*

2 *Corte las tortillas en pedazos pequeños. En capas, acomode la mitad de los pedazos en el recipiente de hornear, luego la mitad de los pedazos de pollo (Fig. 2), la mitad de la mezcla 1 y la mitad del queso. Repítalo con una segunda capa. Hornee destapado a 350ºF (175ºC) por 30 minutos.*

Fig. 1

Fig. 2

Pepper Casserole
Guiso de Pimientos

serves 8 · *8 porciones*

1 c. salsa, see p. 10
4 medium green bell
   peppers

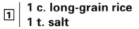 1 c. long-grain rice
1 t. salt

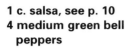 1½ lbs. (675g) lean ground
   beef
1 c. chopped onions
1 garlic clove, minced
½ t. salt, ¼ t. pepper
1 t. chili powder, optional

1½ c. tomato sauce
1½ c. shredded cheddar
   cheese

1 tz. de salsa, p. 10
4 pimientos verdes medianos

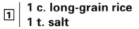 *1 tz. arroz de grano largo*
1 c. sal

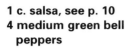 *1½ lbs. (675g) carne de res*
   molida
1 tz. cebolla picada
1 diente de ajo, finamente
   picado
½ c. sal, ¼ c. pimienta
1 c. chile en polvo, opcional

1½ tz. salsa de tomate
1½ tz. queso Cheddar rallado

❧ My sister's favorite casserole. ❧

1 Quarter peppers. Cook in 2 c. water until soft. Place peppers in buttered 9" by 13" (22cm x 32cm) baking dish (Fig. 1).

2 Bring 2 1/2 c. water to boil, add ☐ , stir, reduce heat, cover and simmer 20 minutes until liquid is absorbed.

3 Fry ☐ in skillet over medium heat. Break up meat and fry until cooked. Drain grease, mix in cooked rice and tomato sauce. Spoon meat mixture over peppers (Fig. 2), sprinkle on cheese, and top with salsa. Bake uncovered in oven at 350°F 30 minutes.

● Mexican rolls, see p. 84, go well with this complete meal.

❧ *El guiso favorito de mi hermana.* ❧

1 *Corte los pimientos en cuatro. Cocine en 2 tz. de agua hasta que estén blandos. Ponga los pimientos en un recipiente de hornear engrasado de 9" x 13" (22cm x 32cm) (Fig. 1).*

2 *Caliente 2 1/2 tz. de agua. Cuando hierva, agregue ☐ , revuelva, baje el fuego, tape y cocine a fuego lento por 20 minutos hasta que el líquido esté absorbido.*

3 *Fría ☐ en una sartén a fuego moderado. Desbarate la carne y fría hasta que se cocine. Escúrrale la grasa y agregue el arroz cocido y salsa de tomate. A cucharadas ponga la mezcla de carne sobre los pimientos (Fig. 2). Espolvoree encima el queso y cubra con salsa. Hornee destapado a 350°F (175°C) por 30 minutos.*

● *Bolillos, p. 84, acompañan bien esta comida completa.*

Fig. 1

Fig. 2

El Zorro's Enchiladas
Enchiladas de El Zorro

3½ c. enchilada sauce,
  see p. 8
8 corn tortillas, see p. 14
2 c. ground beef mixture,
  see p. 12
¼ c. vegetable oil
1 c. shredded cheddar
  cheese
24 black pitted olives

*3½ tz. salsa de enchiladas,
  p. 8*
8 tortillas de maíz, p. 14
*2 tz. mezcla de carne de res
  molida, p. 12*
¼ tz. aceite vegetal
1 tz. queso Cheddar rallado
*24 aceitunas negras
  deshuesadas*

ᵟ Another popular enchilada dish at El Zorro's. ᵟ

1 Warm sauce in pan, spread 1/2 c. in baking tray. Heat oil in skillet, dip each tortilla in oil, about 5 seconds, until soft. Drain, dip in warm sauce and place in baking tray.

2 Spread 1/4 c. meat mixture down center of each tortilla. Wrap tortilla around filling to form enchilada (Fig. 1) and place seam-side down in baking tray. Cover with remaining warm sauce, sprinkle on cheese, and top each enchilada with olives. Preheat oven to 350°F and bake 15 minutes.

● Serve warm with your favorite rice, beans and tacos. For variety, use shredded beef (Fig. 2), see p. 11, or a cheese filling made from 3/4 c. chopped onions and 2 c. shredded cheddar cheese instead of ground beef.

Fig. 1

Fig. 2

ᵟ *Otro popular plato de enchiladas en El Zorro.* ᵟ

1 *Caliente la salsa en una cacerola, extienda 1/2 tz. en un recipiente de hornear. Caliente el aceite en una sartén, sumerja cada tortilla en el aceite por 5 segundos hasta que estén blandas. Escúrralas, sumérjalas en la salsa tibia y acomódelas en el recipiente de hornear.*

2 *Ponga 1/4 tz. de la mezcla de carne a lo ancho, al centro de cada tortilla. Envuelva la tortilla alrededor de la mezcla para formar la enchilada (Fig. 1) y acomódela con la juntura hacia abajo en el recipiente de hornear. Cubra con el resto de la salsa caliente, espolvoree con el queso y cubra cada enchilada con aceitunas. Precaliente el horno y cocínelas a 350ºF (175ºC) por 15 minutos.*

● *Sírvalas calientes con su arroz, frijoles y tacos favoritos. Como una variedad use carne deshebrada (Fig. 2), p. 11, o un relleno de queso hecho con 3/4 tz. de cebolla picada y 2 tz. queso Cheddar rallado en lugar de carne de res molida.*

Chicken Enchiladas
Enchiladas de Pollo

2 c. shredded chicken,
  see p. 11
3¹/₂ c. green sauce, see p. 10
6 flour tortillas, 8" (20cm),
  see p. 13

☐ 1 c. sour cream
1 T. chopped onions
¹/₂ c. ea: shredded cheddar
  and jack cheese.
  (reserve 1/4 c. ea.)

¹/₄ c. sliced black olives

2 tz. pollo desmenuzado, p. 11
3¹/₂ tz. salsa verde, p. 10
6 tortillas de harina de 8"
  (20cm), p. 13

☐ *1 tz. crema agria*
1 C. cebolla picada
¹/₂ tz. c/u: de queso rallado,
  Cheddar y Monterey Jack
  (reserve ¹/₄ tz. de c/u)

¹/₄ tz. aceitunas negras
  rebanadas

1 Prepare filling by mixing chicken and ☐. Spread 1/2 c. green sauce in baking dish and warm remaining sauce in pan. Warm tortillas on skillet or wrap in foil and heat in oven until soft. Dip in warm sauce, remove immediately and place in baking tray.

2 Spread 1/2 c. filling down center of each tortilla (Fig. 1). Wrap tortilla around filling to form enchilada (Fig. 2) and place seam-side down in baking tray. Cover with remaining sauce and reserved cheese, top with olives. Preheat oven to 350°F and bake 15 minutes.

● Beans and rice will go well with this dish. Enchilada sauce, see p. 8, can be used instead of green sauce.

Fig. 1

Fig. 2

1 *Prepare el relleno mezclando el pollo y ☐. Cubra un recipiente de hornear con 1/2 tz. de salsa verde y entibie la salsa restante en una sartén. Caliente las tortillas hasta que estén suaves o envuélvalas en papel de aluminio y caliente en el horno. Sumerja en la salsa tibia, saque inmediatamente y póngalas en el recipiente.*

2 *Extienda 1/2 tz. de relleno a lo ancho, al centro de cada tortilla (Fig. 1). Envuelva la tortilla alrededor del relleno para formar la enchilada (Fig. 2) y póngala con la juntura hacia abajo en el recipiente de hornear. Cúbralas con el resto de la salsa y el queso que reservó, decore con aceitunas. Precaliente el horno a 350ºF (175ºC) y hornee por 15 minutos.*

● *Frijoles y arroz acompañarán bien este plato. Salsa de Enchiladas, p. 8, puede ser usada en lugar de salsa verde.*

Spinach Enchiladas
Enchiladas de Espinacas

makes 6 · *6 enchiladas*

3¹/₂ c. enchilada sauce, see p. 8
6 corn tortillas, see p. 14
¹/₄ c. vegetable oil

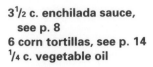

1¹/₂ c. chopped cooked spinach
6 T. chopped onions
1¹/₂ c. shredded cheddar cheese

1 c. shredded cheddar cheese

3¹/₂ tz. salsa de enchiladas, p. 8
6 tortillas de maíz, p. 14
¹/₄ tz. aceite vegetal

1¹/₂ tz. espinacas cocidas, picadas
6 C. cebolla picada
1¹/₂ tz. queso Cheddar rallado

1 tz. queso Cheddar rallado

1 Warm sauce in pan, spread 1/2 c. in baking tray. Heat oil in skillet, dip each tortilla in hot oil, 5 seconds, until soft. Drain, dip in warm sauce and place in baking tray.

2 Spread 1/6 of ① down center of each tortilla (Fig. 1). Wrap tortilla around filling to form enchilada (Fig. 2) and place seam-side down in baking tray. Cover with warm sauce and top with retained cheese. Preheat oven to 350°F and bake 15 minutes.

● Try with rice and Chili Colorado, see p. 44. Frozen drained spinach can be substituted for fresh spinach.

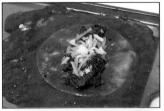

Fig. 1

1 *Caliente la salsa en una cacerola, extienda 1/2 tz. en un recipiente de hornear. Caliente el aceite en una sartén, sumerja cada tortilla en el aceite caliente por 5 segundos hasta que estén blandas. Escúrralas, sumérjalas en la salsa caliente y acomódelas en el recipiente de hornear.*

2 *Extienda 1/6 de ① a lo ancho, al centro de cada tortilla (Fig. 1). Envuelva la tortilla alrededor del relleno para formar la enchilada (Fig. 2) y acomódelas con la juntura abajo en el recipiente de hornear. Cúbralas con la salsa tibia y espolvoree el resto del queso. Precaliente el horno a 350ºF (175ºC) y cocínelas por 15 minutos.*

● *Pruébelas con arroz y Chili Colorado, p. 44. Espinacas descongeladas y escurridas pueden substituir las espinacas frescas.*

Fig. 2

Zucchini Enchiladas
Enchiladas de Calabacitas

makes 6 · *6 enchiladas*

3 c. chili cream sauce,
see p. 9
6 flour tortillas, 8" (20cm),
see p. 13

1 2¹/₂ c. shredded zucchini
(Fig. 1)
1¹/₂ c. shredded jack cheese

¹/₂ c. shredded jack cheese

*3 tz. salsa de crema de chile,
p. 9
6 tortillas de harina de 8"
(20cm), p. 13*

1 *2¹/₂ tz. calabacitas ralladas
(Fig. 1)
1¹/₂ tz. queso Monterey Jack
rallado*

*¹/₂ tz. queso Monterey Jack
rallado*

꙳ **A favorite in Jeanette's house.** ꙳

1 Spread 1/2 c. sauce in baking tray and warm remaining sauce in pan. Warm tortillas on skillet or wrap in foil and heat in oven until soft. Dip in warm sauce, remove immediately and place in baking tray.

2 Spread 1/6 of filling **1** down center of each tortilla (Fig. 2). Wrap tortilla around filling to form enchilada (Fig. 3) and place seam-side down in baking tray. Cover with remaining sauce and cheese. Preheat oven to 350°F and bake about 20 minutes.

● Your favorite rice and beans will go well with this dish. For variety, add shredded chicken to filling.

꙳ *Un plato favorito en la casa de Jeanette.* ꙳

1 *Extienda 1/2 tz. de salsa en un recipiente de hornear y caliente el resto de la salsa en una cacerola. Caliente las tortillas en una sartén o envuélvalas con papel de aluminio y hornee hasta que estén blandas. Sumérjalas en la salsa caliente, remuévalas inmediatamente y acomode en el recipiente de hornear.*

2 *Ponga 1/6 del relleno* **1** *a lo ancho, al centro de cada tortilla (Fig. 2). Envuelva la tortilla alrededor del relleno para formar la enchilada (Fig. 3) y acomódela con la juntura hacia abajo en el recipiente de hornear. Cubra con el resto de la salsa y el queso. Precaliente el horno a 350ºF (175ºC) y cocine como por 20 minutos.*

● *Su arroz favorito y frijoles acompañarán perfectamente este plato. Como una variedad agregue pollo deshebrado al relleno.*

Fig. 1

Fig. 2

Fig. 3

Tamale Basics

Before starting any tamale recipe, prepare corn husks and filling. Generally, shredded meat filling must be prepared and ready for use.

PREPARING CORN HUSKS
Use fresh or dried corn husks (Fig. 1). Each tamale requires at least one large husk or two small husks. Remove corn silk from husks. Make dry husks pliable by soaking in hot water while preparing dough and filling. Keep water hot. (Aluminum foil or banana leaves can be substituted for corn husks if desired.)

STEAMING TAMALES
Place a rack in deep pot, fill with hot water to base of rack. Stand tamales upright and loosely on rack (Fig. 2) so steam can circulate. Bring to boil, cover and boil about 1 hour. Add hot water to maintain level but do not allow water to reach tamales. Check that tamales are done by removing one and opening husk to check that dough is firm and does not stick to husk.

Preparación Básica del Tamal

Antes de comenzar cualquiera receta de tamales, prepare las hojas y el relleno de tamales. Generalmente, el relleno de carne deshebrada debe estar preparado y listo para usar.

Fig. 1

PREPARANDO LAS HOJAS DE TAMALES
Use hojas frescas o secas (Fig. 1). Cada tamal requiere por lo menos una hoja grande o dos chicas. Remueva las barbas del maíz. Remoje las hojas secas en agua caliente para que estén flexibles mientras prepara la masa y el relleno. Mantenga el agua caliente. (Las hojas de maíz se puede substituir por papel de aluminio u hojas de plátano si lo desea.)

COCIENDO TAMALES AL VAPOR
Ponga una rejilla en una olla honda, llene con agua caliente hasta la base de la rejilla. Pare derechos los tamales y acomódelos sueltamente sobre la rejilla (Fig. 2) para que el vapor circule. Caliente hasta que hiervan, tape y hierva como por 1 hora. Agregue agua caliente para mantener el nivel pero no permita que el agua llegue a los tamales. Revise si los tamales están cocidos sacando uno y destapando para ver si la masa está firme y no se pega a la hoja.

Fig. 2

El Zorro's Tamales
Tamales de El Zorro

makes 8 · *8 tamales*

8 large corn husks, see p. 66

1 2 c. shredded beef, pork, or
chicken, see p. 11
¹/₂ c. black chopped olives

²/₃ c. vegetable shortening

2 2 c. corn tortilla flour
1 t. baking powder, ¹/₂ t. salt
1 c. warm water

8 hojas grandes de tamales,
p. 66

1 2 tz. carne de res, puerco o
pollo deshebrada, p. 11
¹/₂ tz. aceitunas negras picadas

²/₃ tz. manteca vegetal

2 2 tz. harina de maíz
1 c. polvo de hornear, ¹/₂ c. sal
1 tz. agua tibia

˲ Served with chili beans on top at El Zorro's. ˲

1 See Tamale Basics on p. 66 before starting preparation. Prepare filling by mixing **1**. Prepare dough by beating shortening until fluffy. Mix in **2** until dough has spongy texture.

2 Spread 1/8th of dough down center of each husk, flatten to about 2" (5cm) from tip of husk to 1" (2cm) from bottom. Spread 1/8th filling down center of dough (Fig. 1). Fold dough to fully enclose filling and form tamale (Fig. 2). Fold up husk ends and wrap husk loosely around tamale to allow expansion (Fig. 3). Place, seam-side down, under damp towel until ready to steam.

3 Steam tamales. (See Tamale Basics, p. 66 for instructions.) Serve warm. Can be frozen and reheated. Enchilada, ranchero sauce, or chili beans go great on these tamales.

Fig. 1

˲ *Servidos con frijoles con chili en el restaurante El Zorro.* ˲

1 *Vea Preparación Básica del Tamal en p. 66 antes de comenzar la preparación. Prepare el relleno mezclando* **1** *. Prepare la masa batiendo la manteca hasta que esté espumosa. Agregue* **2** *mezclando hasta que la masa tenga una textura esponjosa.*

Fig. 2

2 *Extienda 1/8 de la masa en el centro de cada hoja, aplaste como 2" (5cm) de la punta de la hoja a 1" (2cm) hacia abajo. Unte 1/8 de relleno en el centro de la masa (Fig. 1). Doble la masa para cerrar el relleno y formar el tamal (Fig. 2). Doble las puntas de la hoja y envuelva la hoja sueltamente alrededor del tamal para que se expanda (Fig. 3). Coloque los tamales, con la juntura abajo, sobre una toalla húmeda hasta que estén listos para cocer al vapor.*

Fig. 3

3 *Cueza los tamales al vapor. (Vea p. 66 para instrucciones.) Sírvalos calientes. Se pueden congelar y recalentar. Salsa Ranchera o de enchiladas o frijoles con chili complementan estos tamales.*

Pineapple Tamales
Tamales de Piña

makes 16 • *16 tamales*

16 large corn husks,
see p. 66
2 c. canned crushed
pineapple, undrained
1½ c. vegetable shortening

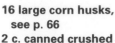
4 c. corn tortilla flour
3 t. baking powder
1 t. salt
2 c. warm water

½ c. brown sugar

*16 hojas grandes de tamales,
p. 66
2 tz. piña en trocitos enlatada,
sin escurrir
1½ tz. manteca vegetal*

*4 tz. harina de maíz
3 c. polvo de hornear
1 c. sal
2 tz. agua caliente*

½ tz. azúcar café

1 See Tamale Basics on p. 66 before starting preparation. Drain pineapple thoroughly, save juice. To prepare dough, beat shortening until fluffy and mix in ①. Mix in 1/2 c. pineapple juice until dough is spongy. Mix in 1 c. pineapple and sugar, (Fig. 1).

2 Form dough into 16 oblong pieces, place in center of husks (Fig. 2). Enclose dough by folding in husk ends and wrapping around dough, allow room to expand. Place, seam-side down, under damp towel until ready to steam.

3 Steam tamales. (See Tamale Basics, p. 66, for instructions.) Serve warm. Warm retained pineapple and use as sauce on tamales.

Fig. 1

Fig. 2

1 *Vea Preparación Básica del Tamal en p. 66 antes de comenzar la preparación. Escurra la piña completamente, guarde el jugo. Para preparar la masa, bata la manteca hasta que esté esponjosa, agregue y mezcle ①. Agregue 1/2 tz. de jugo de piña y mezcle hasta que la masa esté esponjosa. Agregue y mezcle 1 tz. de piña y azúcar, (Fig. 1).*

2 *Con la masa forme 16 piezas de forma oblongada, póngalas en el centro de las hojas (Fig. 2). Encierre la masa doblando las hojas de las puntas y envolviendo la masa con la hoja, deje espacio para que expandan. Póngalos, juntura abajo, sobre una toalla húmeda hasta que estén listos para cocer.*

3 *Cueza los tamales al vapor. (Vea p. 66 para instrucciones.) Sirva calientes. El jugo de piña que reservó se puede usar tibio como salsa sobre los tamales.*

Sweet Tamales
Tamales Dulces

16 large corn husks,
  see p. 66
1½ c. vegetable shortening

1 ⎰ **4 c. corn tortilla flour**
  3 t. baking powder
  1 t. salt
  2½ c. warm water

1 c. ea: raisins, brown sugar

16 hojas grandes de tamales,
  p. 66
1½ tz. manteca vegetal

1 ⎰ *4 tz. harina de maíz*
  3 c. polvo de hornear
  1 c. sal
  2½ tz. agua tibia

1 tz. c/u: pasas, azúcar café

❦ **A holiday treat at the Estrada home.** ❦

1 See Tamale Basics on p. 66 before starting preparation. Prepare dough by beating shortening until fluffy. Mix in **1** until dough has spongy texture. Mix in raisins and sugar (Fig. 1).

2 Form dough into 16 oblong 2" by 4" (5cm x 10cm) pieces, place in center of husks. Enclose dough by folding in husk ends and wrapping around dough, allow room to expand. Place, seam-side down, on dish. (Or, wrap husk around dough and tie both ends closed with corn husk strips.) Cover with damp towel until ready to steam.

3 Steam tamales. (See Tamale Basics, p. 66, for instructions.) Serve warm, no sauce is needed. Also excellent with breakfast.

❦ *Una delicia en los días festivos en casa de los Estrada.* ❦

1 *Vea Preparación Básica del Tamal en p. 66 antes de comenzar la preparación. Prepare la masa batiendo la manteca hasta que esté esponjosa. Agregue **1** y mezcle hasta que la masa tenga textura esponjosa. Agregue y mezcle las pasas y el azúcar (Fig. 1).*

2 *Con la masa forme 16 piezas de forma oblongada de 2"x4"(5cm x 10cm), póngalas en el centro de las hojas. Encierre la masa doblando las puntas, dejando espacio para que los tamales se expandan. Póngalos, juntura abajo, en un plato. (O envuelva la hoja y amarre las puntas con tiritas sacadas de la hoja.) Tape con una toalla húmeda hasta que estén listos para cocer.*

3 *Cueza los tamales al vapor. (Vea p. 66 para instrucciones.) Sirva calientes, no necesitan salsa. También son excelentes con el desayuno.*

Fig. 1

El Zorro's Tacos
Tacos de El Zorro

1¹/₂ c. ground beef mixture,
  see p. 12
6 corn tortillas, see p. 14
¹/₂ c. salsa, see p. 10
oil for deep frying
1¹/₂ c. shredded lettuce
1 c. shredded cheddar
  cheese
6 black olives

*1¹/₂ tz. mezcla de carne de res
  molida, p. 12
6 tortillas de maíz, p. 14
¹/₂ tz. salsa, p. 10
aceite para freír
1¹/₂ tz. lechuga picada
1 tz. queso Cheddar rallado
6 aceitunas negras*

A jalapeno pepper complemented these tacos on cold days.

1 Prepare meat mixture and tortillas. Cover tortillas with dry towel to keep warm and soft. Spread 1/4 c. meat mixture down center of each tortilla, (Fig. 1) fold in half to form taco and fasten with toothpicks (Fig. 2).

2 Heat 1 1/2" (4cm) oil in deep skillet. Place a few tacos into hot oil, fry both sides until crisp. Remove and drain on paper towel, remove toothpicks. Carefully open taco shells just enough (Fig. 3) to spoon in 1 T. salsa over meat mixture; then layers of lettuce and cheese. Top with an olive. Serve individually or with an enchilada or tamale dish and rice and beans.

Un chile jalapeño complementaba estos tacos en días helados.

1 *Prepare las tortillas y la mezcla de carne. Cubra las tortillas con una toalla seca para mantenerlas tibias y blandas. Extienda 1/4 tz. de la mezcla de carne a lo ancho, al centro de cada tortilla (Fig. 1), doble por la mitad para formar el taco y sujete con picadientes (Fig. 2).*

2 *Caliente 1 1/2" (4cm) de aceite en una sartén honda. Acomode unos pocos tacos en el aceite caliente, fría ambos lados hasta que estén dorados. Sáquelos y escúrralos en toallas de papel. Quite los picadientes. Cuidadosamente abra cada taco lo suficiente (Fig. 3) para poner 1 C. de salsa sobre la mezcla de carne, luego capas de lechuga y queso. Ponga arriba una aceituna. Sirva individualmente o con una enchilada o un plato de tamales con arroz y frijoles.*

Fig. 1

Fig. 2

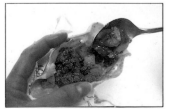

Fig. 3

Tacos
Tacos

makes 6 · *6 tacos*

6 corn tortillas, see p. 14
1¹/₂ c. shredded beef or
  chicken, see p. 11
¹/₂ c. salsa, see p. 10
oil for deep frying
1¹/₂ c. shredded lettuce
¹/₂ c. shredded cheddar
¹/₂ c. jack cheese

6 tortillas de maíz, p. 14
1¹/₂ tz. carne de res o pollo
  deshebrada, p. 11
¹/₂ tz. salsa, p. 10
aceite para freír
1¹/₂ tz. lechuga picada
¹/₂ tz. c/u: de queso rallado,
Cheddar y Monterey Jack

1 Heat 1 1/2" (4cm) oil in skillet. Dip tortilla in hot oil turning once, to soften. Fold over to form taco shell leaving edge open about 1" (2cm) and continue frying (Fig. 1), turning once, until crisp. Remove and drain on paper towel. Repeat step with remaining tortillas.

2 Fill each taco shell with 1/4 c. of hot shredded meat mixture (Fig. 2), 1 T. salsa, and then layers of lettuce and cheese.

● Ready-made taco shells are available in most stores where tortillas are sold (Fig 3.). Tacos go with your favorite enchilada dishes with rice and beans.

Fig. 1

1 *Caliente 1 1/2" (4cm) de aceite en una sartén. Sumerja una tortilla en el aceite caliente volteándola una vez para ablandarla. Dóblela para formar el taco dejando una abertura de 1" (2cm) y continúe friendo (Fig. 1) volteando una vez hasta que estén dorados. Sáquelos y escúrralos en toallas de papel. Repita el proceso con las tortillas restantes.*

Fig. 2

2 *Llene cada taco con 1/4 tz. de la mezcla de carne deshebrada (Fig. 2), 1 C. salsa y luego capas de lechuga y queso.*

● *Tortillas para tacos dorados ya preparadas se encuentran en la mayoría de los mercados donde se venden tortillas (Fig. 3). Tacos acompañan bien sus enchiladas favoritas con arroz y frijoles.*

Fig. 3

Soft Tacos
Tacos Suaves

makes 6 · *6 tacos*

6 flour tortillas, 6" (15cm),
  see p. 13
1^1/$_2$ c. shredded beef, or
  chicken filling, see p. 11

[1]
^{1}/$_2$ c. salsa, see p. 10
1^1/$_2$ c. shredded lettuce
1 c. shredded cheddar
  cheese
^{1}/$_2$ c. sour cream

6 tortillas de harina de 6"
  (15cm), p. 13
1^1/$_2$ tz. carne de res
  deshebrada o relleno de
  pollo, p. 11

[1]
^{1}/$_2$ tz. salsa, p. 10
1^1/$_2$ tz. lechuga picada
1 tz. queso Cheddar rallado
^{1}/$_2$ tz. crema agria

1 Prepare tortillas and meat filling, keep tortillas and meat filling warm.

2 Fill center of warm tortilla with 1/4 c. meat filling (Fig. 1). Fold in half to form taco. Fill taco with layer of each item in [1]. Repeat process with remaining tortillas. Serve while warm.

● Rice and beans go well with tacos.

1 *Prepare las tortillas y el relleno de carne. Mantenga caliente las tortillas y el relleno.*

2 *Rellene el centro de cada tortilla con 1/4 tz. de relleno de carne (Fig. 1). Doble por la mitad para formar el taco. Rellene el taco con capas de cada ingrediente en [1]. Repita el proceso con las tortillas restantes. Sírvalos calientes.*

● *Arroz y frijoles acompañan bien los tacos.*

Fig. 1

Taquitos

Taquitos

2 c. shredded beef, see p. 11
12 corn tortillas, see p. 14
oil for deep-frying
guacamole, see p. 19
sour cream, optional

2 tz. carne de res deshebrada,
  p. 11
12 tortillas de maíz, p. 14
aceite para freír
guacamole, p. 19
crema agria, opcional

❧ A tasty snack or party hors d'oeuvres. ❧

1 Divide beef into 12 portions. Warm tortillas, spread strips of beef across a tortilla (Fig. 1). Roll up tightly to form taquito, fasten with toothpick. Repeat process with remaining tortillas.

2 Heat oil in deep skillet and fry several taquitos at a time, turning until crisp. Remove and drain on paper towels. Remove toothpicks serve warm with guacamole or sour cream dip.

❧ *Un bocadillo delicioso o botana para las fiestas.* ❧

1 *Divida la carne en 12 porciones. Caliente las tortillas, acomode tiras de carne a lo ancho de la tortilla (Fig. 1). Enrolle apretadamente para formar el taquito, sujete con un picadiente. Repita el proceso con las tortillas restantes.*

2 *Caliente el aceite en una sartén honda y fría varios taquitos a la vez, volteándolos hasta que estén dorados. Sáquelos y escúrralos en toallas de papel. Remueva los picadientes, sírvalos calientes con guacamole o dip de crema agria.*

Fig. 1

73

Tostadas Supreme
Tostadas Supremas

4 flour tortillas, 8" (20cm),
see p. 13
2 c. refried beans, see p. 27
2 c. shredded beef or
chicken, see p. 11
1 c. salsa, see p. 10
oil for deep frying
2 c. shredded lettuce
1 c. shredded cheddar
cheese
¹/₂ c. sour cream
1 avocado, sliced

4 tortillas de harina de 8"
(20cm), p. 13
2 tz. frijoles refritos, p. 27
2 tz. carne de res o pollo
deshebrada, p. 11
1 tz. salsa, p. 10
aceite para freír
2 tz. lechuga picada
1 tz. queso Cheddar rallado
¹/₂ tz. crema agria
1 aguacate en rebanadas

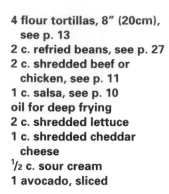

1 Heat 2 c. oil in deep 1 1/2 quart pot. Using tongs, place tortilla over top of pot and push into hot oil with a metal ladle so that sides of tortilla turn up to form a basket (Fig. 1). Fry about 1 minute until golden and crispy. Remove and drain on paper towel (Fig. 2). Repeat process with each tortilla.

2 Fill basket with layers of warm beans, shredded meat mixture, lettuce, and cheese. Top with sour cream, avocado and salsa.

• Special frying baskets for tostada shells are available where housewares are sold (Fig. 3). Follow manufacturer's instructions for use.

Fig. 1

Fig. 2

1 *Caliente 2 tz. de aceite en una olla honda de 1.5 litros. Usando tenazas, ponga la tortilla en el aceite caliente con un cucharón de metal para que los lados de la tortilla se levanten y formen una canasta (Fig. 1). Fría como por 1 minuto hasta que esté dorada y crujiente. Sáquela y escúrrala en toallas de papel (Fig. 2). Repita el proceso con cada tortilla.*

2 *Llene cada canasta con capas de frijoles calientes, mezcla de carne deshebrada, lechuga y queso. Arriba póngale crema agria, aguacate y salsa.*

• *Canastas especiales para freír tostadas se pueden comprar en la tienda de artefactos para la casa (Fig. 3). Siga las instrucciones del fabricante.*

Fig. 3

El Zorro's Tostadas
Tostadas de El Zorro

makes 4 • *4 tostadas*

2 c. refried beans, see p. 27
4 corn tortillas, see p. 14
¹/₂ c. salsa, see p. 10

1| 1 lb. (450g) lean ground beef
¹/₄ c. chopped onions

2| 1 c. tomato sauce
¹/₈ t. ea: cumin, pepper
1 t. ea: salt, chili powder

oil for deep frying
2 c. shredded lettuce
1 c. shredded cheddar
cheese
¹/₂ c. sour cream
4 black pitted olives

2 tz. frijoles refritos, p. 27
4 tortillas de maíz, p. 14
¹/₂ tz. salsa p. 10

1| *1 lb. (450g) carne de res*
molida
¹/₄ tz. cebolla picada

2| *1 tz. salsa de tomate*
¹/₈ c. c/u: comino, pimienta
1 c. c/u: sal, chile en polvo

aceite para freír
2 tz. lechuga picada
1 tz. queso Cheddar rallado
¹/₂ tz. crema agria
4 aceitunas negras deshuesadas

✺ A specialty dish at El Zorro's. ✺

1 Place 1 in skillet over medium heat. Break up meat and fry until brown. Drain grease. Add 2 and stir 10 minutes until meat mixture thickens.

2 Heat oil in skillet. Place tortilla in hot oil and fry on both sides 1 minute until golden and crispy to make tostada (Fig. 1). Drain on paper towels. Repeat process with remaining tortillas.

3 Spoon a layer of warm beans, meat mixture (Fig. 2), lettuce, and salsa on tostadas. Top with cheese, sour cream and olive.

● Ready made flat corn tostada shells can be purchased, (Fig. 3).

✺ *Una especialidad en El Zorro.* ✺

1 *Ponga 1 en una sartén a fuego moderado. Desbarate la carne y fría hasta dorar. Escurra la grasa. Agregue 2 y revuelva por 10 minutos hasta que la mezcla se espese.*

2 *Caliente el aceite en una sartén. Ponga una tortilla en aceite caliente y fría ambos lados por 1 minuto hasta que esté dorada y crujiente para prepara la tostada (Fig. 1). Escúrrala en toallas de papel. Repita el proceso con las tortillas restantes.*

3 *Con una cuchara ponga una capa de frijoles calientes, mezcla de carne (Fig. 2), lechuga y salsa en cada tostada. Arriba agregue queso, crema agria y aceituna.*

● *Tortillas para tostadas doradas se pueden comprar en el mercado (Fig. 3).*

Fig. 1

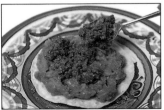

Fig. 2

Fig. 3

Bean Burritos

Burritos de Frijoles

8 flour tortillas, 8" (20cm),
  see p. 13
2¹/₂ c. refried beans, see p. 27
1 t. chili powder
³/₄ c. shredded cheddar
  cheese

8 tortillas de harina de 8"
  (20cm), p. 13
2¹/₂ tz. frijoles refritos, p. 27
1 c. chile en polvo
³/₄ tz. queso Cheddar rallado

1 Warm tortillas to soften. Warm beans, mix with chili powder. Spread 1/8th of bean mixture down center of tortilla and sprinkle on 2 T. cheese (Fig. 1). Fold in one end of tortilla and roll up to form burrito. Repeat process with each tortilla. Serve hot.

● Great for lunch or a snack.

1 *Caliente las tortillas para ablandarlas. Caliente los frijoles y agregue el chile en polvo. Extienda 1/8 de la mezcla de frijoles a lo ancho, al centro de la tortilla y espolvoree 2 C. de queso (Fig. 1). Doble hacia adentro una punta de la tortilla y enrolle para formar el burrito. Repita el proceso con cada tortilla. Sírvalos calientes.*

● *Sabrosos para el almuerzo o como bocadillo.*

Wet Burritos

Burritos Remojados

6 flour tortillas, 8" (20cm),
  see p. 13

☐1 | 1¹/₂ c. refried beans, see p. 27
2 t. chili powder

1¹/₂ c. shredded beef,
  see p. 11
2 c. enchilada or ranchero
  sauce, see pp. 8, 9
1 c. sour cream

6 tortillas de harina de 8"
  (20cm), p. 13

☐1 | *1¹/₂ tz. frijoles refritos, p. 27*
2 c. chile en polvo

1¹/₂ tz. carne de res
  deshebrada, p. 11
2 tz. Salsa Ranchera o de
  enchiladas pp. 8, 9
1 tz. crema agria

1 Warm each tortilla. Mix ☐1 and spoon 1/6 bean mixture and meat down center of tortilla (Fig. 2). Fold in ends and roll up. Place seam-side down on dish. Top with warm sauce and sour cream. Serve while hot.

1 *Caliente cada tortilla. Mezcle ☐1 y ponga 1/6 de la mezcla de frijoles y carne a lo ancho, al centro de cada tortilla (Fig. 2). Doble las puntas hacia adentro y enrolle. Colóquelos con la juntura hacia abajo en un plato. Cubra con salsa tibia y crema agria. Sírvalos mientras están calientes.*

Fig. 1

Fig. 2

Chimichangas
Chimichangas

¹/₄ c. diced green chili,
   see p. 7
3 c. shredded beef (or pork),
   see p. 11
6 flour tortillas, 8" (20cm),
   see p. 13

³/₄ c. sour cream
2 t. chili powder

oil for deep-frying

¹/₄ tz. chile verde picado en
   cuadritos, p. 7
3 tz. carne de res (o puerco)
   deshebrada, p. 11
6 tortillas de harina de 8"
   (20 cm), p. 13

³/₄ tz. crema agria
2 c. chile en polvo

aceite para freír

1 Mix diced chili and meat with ①. Warm tortilla to soften. Spoon about 1/2 c. meat mixture down center of tortilla. Fold in ends and roll up to form chimichanga. Secure with toothpick (Fig. 1). Repeat process with each tortilla.

2 Heat oil in skillet, fry a few chimichangas at a time 1 minute on each side until slightly golden and crispy. Remove and drain on paper towel, remove toothpicks. Serve warm.

● Great as a main course or snack. Can be oven fried by brushing both sides of tortilla with butter, fill, fold, close, and place seam-side down on baking dish. Bake at 500°F 15 minutes, turning once, until slightly golden and crispy.

1 *Mezcle el chile picado y la carne con ①. Caliente las tortillas para ablandarlas. Ponga como 1/2 tz. de la mezcla de carne en el centro de la tortilla. Doble las puntas hacia adentro y enrolle para formar la chimichanga. Sujete con picadientes (Fig. 1). Repita el proceso con cada tortilla.*

2 *Caliente el aceite en una sartén, fría algunas chimichangas a la vez por 1 minuto por cada lado hasta que estén levemente doradas. Saque y escurra en toallas de papel, remueva los picadientes. Sírvalas calientes.*

● *Excelentes como platillo principal o botana. Pueden ser fritas en el horno, cepillando cada tortilla por ambos lados con mantequilla, rellénelas, doble, cierre y colóquelas con la juntura hacia abajo en un recipiente de hornear. Hornee a 500ºF (260ºC) por 15 minutos, volteándolas una vez hasta que estén ligeramente doradas y tostadas.*

Fig. 1

El Zorro's Chile Rellenos
Chiles Rellenos de El Zorro

CHILIES :
6 green chilies, 6" (15cm)
long, see p. 7
10 oz. jack cheese
flour for handling
oil for deep-frying

BATTER :
4 eggs, separated

1 | **¹/₂ t. salt**
4 T. flour

SAUCE :
2 | **1 medium brown onion (Fig.1)**
1 large green bell pepper

3 | **2 medium tomatoes,**
quartered
1 c. tomato sauce

⊷ **Rellenos with sauce was another hot item at El Zorro's.** ⊷

1 Cut cheese into 1/2" x 4" (1cm x 10cm) strips. Rinse chilies and insert a strip of cheese in each (Fig. 2). Close chilies and coat with flour (Fig. 3), set aside. Heat 1 1/2" (4cm) oil in skillet over medium heat.

2 Beat egg whites until stiff. Blend in beaten yolks and **1**. Promptly dip each stuffed chili in batter (Fig. 4). Fry until golden (Fig. 5). Remove and drain on paper towels. Place in baking dish, bake in oven at 350°F 10 minutes.

3 Prepare sauce by cutting **2** into thin strips. Saute with 3 T. oil in skillet over medium heat until strips are soft. Add **3**, lower heat, cover and simmer 5 minutes. Remove chilies from oven. Top with sauce and serve hot. Rice and beans go with this dish.

CHILES :
6 chiles verdes de 6" (15cm) de
largo, p. 7
10 oz. (280g) queso Monterey
Jack
harina para maniobrar
aceite para freír

BATIDO :
4 huevos, separe la clara de la
yema

1 | *¹/₂ c. sal*
4 C. harina

SALSA :
2 | *1 cebolla café mediana (Fig. 1)*
1 pimiento verde grande

3 | *2 tomates medianos, cortados*
en cuatro
1 tz. salsa de tomate

⊷ *Este platillo de chiles rellenos con slasa era otra especialidad en El Zorro.* ⊷

1 *Corte el queso en tiras de 1/2" x 4" (1cm x 10cm). Enjuague los chiles e inserte una tira de queso en cada uno (Fig. 2). Cierre los chiles y cubra con harina (Fig. 3), ponga a un lado. Caliente 1 1/2" (4cm) de aceite en una sartén a fuego moderado.*

2 *Bata las claras de huevo hasta que estén firmes, mézclele las yemas batidas y **1**. Rápidamente sumerja cada chile relleno en el batido (Fig. 4). Fría hasta dorar (Fig. 5). Remueva y seque con toallas de papel. Colóquelos en un recipiente de hornear y hornee a 350ºF (175ºC) por 10 minutos.*

3 *Prepare la salsa cortando **2** en tiras delgadas. Sofría con 3 C. de aceite en una sartén a fuego moderado hasta que las tiras estén blandas. Agregue **3**, baje el fuego, tape y cocine lentamente por 5 minutos. Remueva los chiles del horno. Cubra con la salsa y sírvalos calientes. Arroz y frijoles acompañan bien este plato.*

Fig. 1

Fig. 2

Fig. 3

Fig. 4

Fig. 5

Chile Rellenos with Meat
Chiles Rellenos con Carne

2 c. ranchero sauce, see p. 9

CHILIES :
6 green chilies, 6" (15cm)
  long, see p. 7
1¹/₂ c. ground beef mixture,
  see p. 12
flour for coating and
  handling

BATTER :
4 eggs, separated

☐1 | ¹/₂ t. salt
    4 T. flour

oil for deep-frying

2 tz. Salsa Ranchera, p. 9

CHILES :
6 chiles verdes de 6" (15cm)
  de largo, p. 7
1¹/₂ tz. mezcla de carne
  molida, p. 12
harina para cubrir y
  maniobrar

BATIDO :
4 huevos, separe la clara de la
  yema

☐1 | *¹/₂ c. sal*
    4 C. harina

aceite para freír

1 Rinse chilies then spoon 1/4 c. meat mixture into each chili (Fig. 1). Close chilies and coat with flour (Fig. 2), set aside. Heat 1 1/2" (4cm) oil in skillet over medium heat.

2 Beat egg whites until stiff, blend in beaten yolks and ☐1 . Promptly dip each stuffed chili in batter (Fig. 3). Fry until golden (Fig. 4). Remove and drain on paper towels. Serve with warm sauce. For variety, use Mexican Hash, see p. 34, as filling.

1 *Enjuague los chiles y a cucharadas rellene cada chile con 1/4 tz. de la mezcla de carne (Fig. 1). Cierre los chiles y cubra con harina (Fig. 2), póngalos a un lado. Caliente 1 1/2" (4cm) de aceite en una sartén a fuego moderado.*

2 *Bata las claras de huevo hasta que estén firmes, mézclele las yemas batidas y ☐1 . Rápidamente sumerja cada chile relleno en el batido(Fig. 3). Fría hasta dorar (Fig. 4). Remueva y seque con toallas de papel. Sirva con la salsa tibia. Como variedad, use Picadillo Mexicano, p. 34, como relleno.*

Fig. 1

Fig. 2

Fig. 3

Fig. 4

Bunuelos
Buñuelos

1. ¼ t. salt
   ¼ c. butter
   ¼ c. sugar
   1 egg, beaten

1½ c. all-purpose flour
¼ c. warm water
flour for handling
oil for deep-frying
¼ c. cinnamon-sugar

1. *¼ c. sal*
   ¼ tz. mantequilla
   ¼ tz. azúcar
   1 huevo batido

1½ tz. harina
¼ tz. agua tibia
harina para maniobrar
aceite para freír
¼ tz. azúcar con canela

❧ A traditional holiday fried pastry. ❧

1 Beat ☐1 in large bowl, add flour and warm water and mix. Knead on floured surface until dough is smooth; return to bowl and cover with dry towel. Let rest 15 minutes. Divide dough into 20 balls, coat with flour and press into flat 3″ (7cm) circles (Fig. 1). Stack between wax paper until ready to fry.

2 Heat oil to 400°F in skillet and fry one bunuelo at a time 30 seconds on each side until golden and crispy. Remove and drain on paper towels. While still hot, sprinkle with cinnamon-sugar.

● Best eaten warm. Can be stored in airtight containers and reheated in oven at 350°F 6 to 8 minutes until crisp.

❧ *Una golosina frita tradicional en los días festivos.* ❧

1 *Bata ☐1 en un tazón grande, agregue harina y el agua tibia y mezcle. Amase en una superficie con harina hasta que la masa esté suave; regrésela al tazón y tape con una toalla seca. Déjela por 15 minutos. Divida la masa en 20 bolitas, cubra con harina y aplane formando círculos de 3″ (7cm) (Fig. 1). Apile entre papel de cera hasta que los vaya a freír.*

2 *Caliente aceite a 400°F (205°C) en una sartén y fría un buñuelo a la vez por 30 segundos por cada lado hasta que esté dorado y crujiente. Remueva y seque con toallas de papel. Mientras está caliente, espolvoréele el azúcar con canela.*

● *Son mejores calientitos. Puede guardarlos en un recipiente hermético y recalentar en el horno a 350°F (175°C) por 6 u 8 minutos hasta que estén crujientes.*

Fig. 1

Sopaipillas
Sopaipillas

1
- ³/₄ c. milk
- 1½ T. vegetable shortening
- 1½ t. salt
- 1 T. sugar

2
- 1 T. active dry yeast
- 1 t. sugar
- ¼ c. warm water

- 2½ c. all-purpose flour
- oil for deep-frying
- ²/₃ c. powdered sugar
- extra flour for handling

1 Mix **1** in pan, heat until shortening melts. Let cool to lukewarm. Mix **2** in a large bowl, let stand until foamy, add mixture **1** and flour. Mix until dough is stiff.

2 Place dough on lightly floured surface. Knead until smooth. Place dough in greased bowl, turn to grease all sides. Cover, place in warm area, let rise 1 hour or until double in size.

3 Place dough on lightly floured surface and knead briefly. Divide into 3 equal parts. Roll each portion into a 10" (25cm) square (Fig. 1), (trim if needed). Cut into 4 squares; fold each into a triangular shape (Fig. 2).

4 Heat 2" (5cm) of oil in deep pan to 350°F. When hot, fry one at a time gently pushing into oil until puffed and evenly golden (Fig. 3). Remove and drain on paper towel. Sprinkle with sugar and serve.

- Sopaipillas are best eaten fresh and warm. Sopaipillas, without sugar on top, make excellent rolls with butter, or split and fill with lunch meats.

1
- ³/₄ tz. leche
- 1½ C. manteca vegetal
- 1½ c. sal
- 1 C. azúcar

2
- 1 C. levadura en polvo
- 1 c. azúcar
- ¼ tz. agua tibia

- 2½ tz. harina
- aceite para freír
- ²/₃ tz. azúcar en polvo
- harina extra para maniobrar

1 *Mezcle **1** en una sartén, caliente hasta que la manteca se derrita. Deje enfriar hasta que esté tibia. Mezcle **2** en un tazón grande, deje hasta que esté espumoso, agregue la mezcla **1** y la harina. Mezcle hasta que la masa esté firme.*

2 *Ponga la masa en una superficie ligeramente espolvoreada con harina. Amase hasta ablandar. Ponga la masa en un tazón engrasado revuélvala para engrasarla totalmente. Tape, ponga en un lugar caliente, deje subir por 1 hora o hasta que doble su tamaño.*

3 *Ponga la masa en una superficie ligeramente espolvoreada con harina y amase brevemente. Divida en 3 partes iguales. Forme con cada pórción un cuadrado de 10" (25cm) (Fig. 1), (corte orillas si es necesario.) Corte en 4 cuadrados; doble cada uno formando un triángulo (Fig. 2).*

4 *Caliente 2" (5cm) de aceite en una sartén honda a 350ºF (175ºC). Cuando esté caliente, fría una a la vez metiéndolas poco a poco al aceite hasta que estén in fladitas y completamente doradas (Fig. 3). Remueva y seque con toallas de papel. Espolvoree con azúcar y sírvalas.*

- *Sopaipillas son mejores frescas y calientitas. Sopaipillas, sin azúcar en polvo, son excelentes panes con mantequilla, o rellenas con fiambres.*

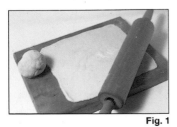

Fig. 1

Fig. 2

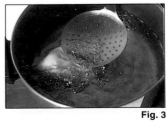

Fig. 3

Mexican Style Rolls
Bolillos

1/4 c. vegetable shortening
1 1 1/2 c. water
2 T. sugar, 1 1/2 t. salt

2 1 T. active dry yeast
1 t. sugar
1/4 c. warm water

3 1/2 all-purpose flour
extra flour for handling
1 egg, beaten

1 *1/4 tz. manteca*
1 1/2 tz. agua
2 C. azúcar, 1 1/2 c. sal

2 *1 C. levadura en polvo*
1 c. azúcar
1/4 tz. agua tibia

3 1/2 tz. harina
harina extra para maniobrar
1 huevo batido

⤖ These rolls have complemented many of my sister's meals. ⤖

1 Heat 1 in pan until shortening melts. Let cool to lukewarm. Mix 2 in large bowl, let stand until foamy; mix in 1 and flour. Place dough on floured surface and knead until smooth. Put dough in greased bowl, turn to grease all sides. Cover, place in warm area, let rise 1 hour or until double in size.

2 Place dough on floured surface, knead briefly and form into 12 smooth 4" (10cm) oblong rolls. Place on greased baking sheets. Cover, let rise 35 minutes or until almost double in size. Cut a 2" (5cm) slice down center of each roll, brush rolls with egg (Fig. 1). Bake 20 minutes at 375°F until slightly brown.

⤖ *Estos panes han complementado muchas comidas de mi hermana.* ⤖

1 *Caliente 1 en una sartén hasta que se derrita la manteca. Deje entibiar. Mezcle 2 en un tazón grande, deje hasta que esté espumoso; agréguele 1 y harina y revuelva. Ponga la masa en una superficie espolvoreada con harina y amase hasta que esté suave. Ponga la masa en un tazón engrasado, revuelva para engrasarla completamente. Tape, ponga en un lugar caliente, deje subir la masa por 1 hora o hasta que doble su tamaño.*

2 *Ponga la masa en una superficie espolvoreada con harina, amase brevemente y forme 12 bolillos oblongos suaves de 4" (10cm). Colóquelos en una charola de hornear engrasada. Tape, deje subir por 35 minutos o hasta que casi hayan doblado su tamaño. Haga un corte de 2" (5cm) en el centro de cada bolillo, cepíllelos con huevo (Fig. 1). Hornee por 20 minutos a 375°F (190°C) hasta que estén levemente dorados.*

Fig. 1

Comb Bread
Pan Peineta

1. ¹/₂ c. vegetable shortening
   1 c. milk
   ³/₄ c. water
   3 T. sugar
   2 t. salt

2. 1 t. sugar
   1 T. active dry yeast
   ¹/₄ c. warm water

3. 4¹/₂ c. all-purpose flour
   1 egg, beaten

extra flour for handling

1. ¹/₂ tz. manteca vegetal
   1 tz. leche
   ³/₄ tz. agua
   3 C. azúcar
   2 c. sal

2. 1 c. azúcar
   1 C. levadura en polvo
   ¹/₄ tz. agua tibia

3. 4¹/₂ tz. harina
   1 huevo batido

harina extra para maniobrar

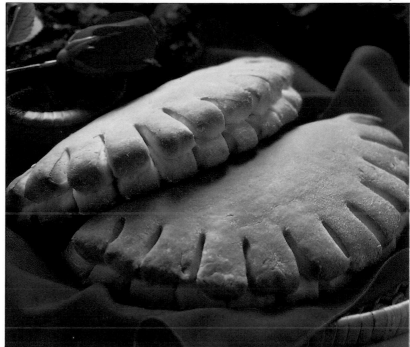

1 Heat **1** in pan until shortening melts. Let cool to lukewarm. Mix **2** in large bowl, let stand until foamy. Mix in **1** and **3**. Place dough on lightly floured surface and knead until smooth, add flour if needed. Place in greased bowl, turn to grease all sides. Cover, place in warm area, let rise 1 hour or until double in size.

2 Place on lightly floured surface and knead briefly. Divide into four pieces and roll each into 8" (20cm) circle. Make 3/4" (1.5cm) cuts around edge (Fig. 1). Fold to form half-circle shaped loaves (Fig. 2).

3 Place two loaves on each greased sheet. Cover and let rise 45 minutes or until double in size. Bake at 350°F in oven 25 minutes until loaves are light brown.

Fig. 1

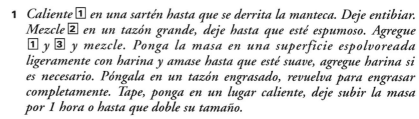
Fig. 2

1 *Caliente* **1** *en una sartén hasta que se derrita la manteca. Deje entibiar. Mezcle* **2** *en un tazón grande, deje hasta que esté espumoso. Agregue* **1** *y* **3** *y mezcle. Ponga la masa en una superficie espolvoreada ligeramente con harina y amase hasta que esté suave, agregue harina si es necesario. Póngala en un tazón engrasado, revuelva para engrasar completamente. Tape, ponga en un lugar caliente, deje subir la masa por 1 hora o hasta que doble su tamaño.*

2 *Ponga la masa en una superficie espolvoreada ligeramente con harina y amase brevemente. Divida en cuatro pedazos y enrolle cada uno en un círculo de 8" (20cm). Haga cortes de 3/4" (1.5cm) en la orilla (Fig. 1). Doble formando panes en forma de semicírculo (Fig. 2).*

3 *Coloque 2 panes por cada charola engrasada. Tape y deje subir por 45 minutos o hasta que doblen su tamaño. Hornee a 350°F (175°C) por 25 minutos hasta que los panes estén levemente dorados.*

Churros
Churros

1 c. water
¼ t. salt
1 T. sugar
½ c. butter or margarine

1 c. all-purpose flour
4 eggs
¼ t. lemon extract or juice
oil for deep-frying
sifted powdered sugar or
   cinnamon sugar

1 tz. agua
¼ c. sal
1 C. azúcar
½ tz. mantequilla o
   margarina

1 tz. harina
4 huevos
¼ c. extracto o jugo de limón
aceite para freír
azúcar en polvo cernida o
   azúcar con canela

⊱ A very popular snack food. ⊰

1 Mix ① in pan, bring to full boil stirring constantly. Add flour mixing thoroughly. Remove heat, mix until smooth and dough comes away from sides of pan. Add eggs, one at a time, mixing until smooth. Stir in lemon and cool.

2 Heat oil in deep skillet. Fill cake decorator with dough and put on a 1/2" (1cm) star tip. Push out 7" (18cm) long ribbons of dough, a few at a time, into hot oil (Fig. 1). Fry 5 minutes while turning until golden brown. Remove and drain on paper towels. While warm, roll in powdered sugar.

● Best eaten while warm. Goes well with coffee.

⊱ *Una golosina muy popular.* ⊰

1 *Mezcle ① en una sartén, haga que hierva revolviendo constantemente. Agregue la harina mezclando completamente. Apague el fuego, mezcle hasta que esté suave y la masa no se pegue a los lados de la sartén. Agregue los huevos, uno a la vez, mezclando hasta que esté suave. Mezcle el limón y enfríe.*

2 *Caliente aceite en una sartén honda. Llene el decorador de pasteles con la masa y póngale una punta en forma de estrella de 1/2" (1cm). Empuje rizos de masa de 7" (18cm), varios a la vez, en el aceite caliente (Fig. 1). Fría por 5 minutos volteándolos hasta que estén dorados. Remueva y seque con toallas de papel. Voltéelos en el azúcar mientras están calientes.*

● *Son mejores calientes. Acompañan bien el café.*

Fig. 1

Mexican Wedding Cookies
Galletas de Boda a la Mexicana

makes 3 dozen • *3 docenas*

1¹/₂ c. butter

[1]
2 T. powdered sugar
1 egg yolk, beaten
1 t. vanilla
³/₄ c. finely chopped
   almonds

3¹/₄ c. all-purpose flour
³/₄ c. powdered sugar,
   shifted

1¹/₂ tz. mantequilla

[1]
2 C. azúcar en polvo
1 yema de huevo batida
1 c. vainilla
³/₄ tz. almendras finamente
   picadas

3¹/₄ tz. harina
³/₄ tz. azúcar en polvo,
   cernida

1 Beat butter until fluffy, mix in [1]. Slowly add flour; blending dough thoroughly until crumbly. Divide dough into 36 portions. Squeeze and shape into balls.

2 Place balls 1″ (2cm) apart on ungreased cookie sheet. Bake at 325°F 30 minutes until lightly brown. While warm, roll cookies in powdered sugar, coating thoroughly (Fig. 1). Use fingers to pat on more sugar until thick sugar coating is obtained.

1 *Bata la mantequilla hasta que esté esponjosa, agréguele [1] y mezcle. Lentamente agregue la harina mezclando la masa completamente hasta que se desmorone. Divida la masa en 36 porciones. Comprímala y fórmela en bolitas.*

2 *Coloque las bolitas en una charola engrasada dejando una separación de 1″ (2cm) entre una y otra. Hornee a 325°F (165°C) por 30 minutos hasta que estén levemente doradas. Mientras están calientes, voltee las galletas en el azúcar en polvo, cubriéndolas totalmente (Fig. 1). Use sus dedos para agregar más azúcar hasta que se cubran con una capa gruesa.*

Fig. 1

Flour Tortilla Torte
Pastel de Tortillas de Harina

4 flour tortillas, 8" (20cm), see p. 13
1 c. semi-sweet chocolate chips (Fig. 1)

1 | 1 c. sour cream
2 T. powdered sugar

2 | 1 c. sour cream
2 T. powdered sugar

¹/₄ oz. (7g) semi-sweet chocolate bar (Fig. 1)

4 tortillas de harina de 8" (20cm), p. 13
1 tz. pedacitos de chocolate semidulce (Fig. 1)

1 | *1 tz. crema agria*
2 C. azúcar en polvo

2 | *1 tz. crema agria*
2 C. azúcar en polvo

¹/₄ oz. (7g) chocolate semidulce en barra (Fig. 1)

Fig. 1

Fig. 2

Fig. 3

❧ **A party dessert in Marlene's home.** ❧

1 Heat chocolate chips and **1** over low heat in pan. Stir until chocolate melts. Let mix cool to lukewarm. Place a tortilla in pie plate, evenly spread 1/3 of chocolate mixture over tortilla (Fig. 2). Repeat layers two more times. Cover with last tortilla to form torte.

2 Blend **2**, spread over top and sides of torte (Fig. 3). Cover and chill torte about 8 hours. Before serving, shave chocolate bar and put shavings on top of torte. Cut into wedges to serve.

❧ *Un postre para fiestas en la casa de Marlene.* ❧

1 *Caliente los pedacitos de chocolate y **1** a fuego lento en una sartén. Mezcle hasta que se derrita el chocolate. Deje que la mezcla se entibie. Coloque una tortilla en un molde para pay, suavemente extienda 1/3 de la mezcla de chocolate sobre la tortilla (Fig. 2). Repita las capas dos veces más. Cubra con la última tortilla para formar el pastel.*

2 *Mezcle **2**, extienda arriba y a los lados del pastel (Fig. 3). Tape y refrigere el pastel como por 8 horas. Para terminar cubra el pastel con ralladuras de chocolate. Corte en tajadas triangulares para servir.*

Coffee Flan
Flan de Café

½ c. sugar

1 2 whole eggs
2 egg yolks

2 2 c. milk
1 t. instant coffee
¼ t. ground cinnamon

½ *tz. azúcar*

1 *2 huevos enteros*
2 yemas

2 *2 tz. leche*
1 c. café instantáneo
¼ c. canela molida

Fig. 1

Fig. 2

Fig. 3

Fig. 4

❧ A wonderful coffee flavored custard dessert. ❧

1 Melt sugar over medium-high heat. As sugar melts reduce heat and stir until sugar turns a brownish liquid caramel (Fig. 1). Immediately pour into 1-quart baking dish; tilt and swirl dish to evenly coat (Fig. 2).

2 Mix **1** in blender. Add **2**, blend well and pour over caramel coating (Fig. 3). Set flan dish in baking pan and add hot water until halfway up outside of flan dish. Bake in oven at 325°F, uncovered, for 1 1/2 hours. Flan is done when knife inserted comes out clean. Remove flan dish, refrigerate 3 hours.

3 To serve, run knife around edges to free flan, place serving dish face down on top, hold together and turn over to let flan drop on dish (Fig. 4). Spoon on excess sauce.

❧ *Un sabroso flan con sabor a café. ❧*

1 *Derrita el azúcar a fuego moderado-alto. Mientras el azúcar se derrite baje el fuego y revuelva hasta que obtenga un caramelo líquido color café (Fig. 1). Inmediatamente vacíe en un recipiente de hornear de 1 litro ladeando y girando para cubrirlo con el caramelo completamente(Fig. 2).*

2 *Mezcle **1** en una licuadora. Agregue **2**, mezcle muy bien y vacíe sobre el caramelo(Fig. 3). Coloque el recipiente con el flan adentro de otro recipiente con agua caliente hasta la mitad del recipiente que contiene el flan. Hornee a 325°F (165°C), sin tapar, por 1 1/2 horas. El flan está listo cuando le inserte un cuchillo y éste salga limpio. Remueva el recipiente con el flan y refrigere por 3 horas.*

3 *Para servir, pase el cuchillo alrededor del flan para separarlo del molde. Ponga el plato de servir boca abajo sobre el flan, sostenga y voltee hacia abajo para dejar que el flan caiga sobre el plato (Fig. 4). Agregue el caramelo extra.*

Bread Pudding
Budín de Pan

5 large slices of wheat bread

1
- 4 eggs, beaten
- 2 c. milk
- ³/₄ c. sugar
- ½ t. ea: cinnamon, vanilla

¼ c. ea: raisins, walnuts

5 rebanadas grandes de
   pan de trigo

1
- *4 huevos batidos*
- *2 tz. leche*
- *³/₄ tz. azúcar*
- *½ c. c/u: canela, vainilla*

¼ tz. c/u: pasas, nueces

❧ **A favorite recipe from my sister's home.** ❧

1 Preheat oven to 350°F. Cut bread into bite-size pieces and place at bottom of baking dish (Fig. 1).

2 Mix together all of 1 and pour mixture over bread. Sprinkle on raisins and lightly crushed walnuts. Bake 30 minutes until pudding sets.

● A topping of ice cream, whipped cream, fruit, or warm milk goes well on this pudding.

❧ *Una receta favorita de la casa de mi hermana.* ❧

1 *Precaliente el horno a 350ºF (175ºC). Corte el pan en pedazos tamaño bocado y póngalos en un recipiente de hornear (Fig. 1).*

2 *Mezcle todos los ingredientes de 1 y vacíe la mezcla sobre el pan. Esparza encima las pasas y nueces ligeramente molidas. Hornee por 30 minutos hasta que el budín esté firme.*

● *Una corona de helado, crema batida, fruta o leche tibia queda bien sobre este budín.*

Fig. 1

Fried Ice Cream
Helado Frito

makes 6 • *6 porciones*

1 c. crushed corn flakes
¹/₂ qt. (0.5L) ice cream

1 ³/₄ c. all-purpose flour
6 T. water

¹/₂ c. flour for handling
oil for deep-frying
jam or warm honey

1 tz. corn flakes molido
¹/₂ litro helado

1 *³/₄ tz. harina*
6 C. agua

¹/₂ tz. harina para maniobrar
aceite para freír
mermelada o miel tibia

✥ A special dessert for those important occasions. ✥

1 Form a medium size ice cream ball, roll in flakes and place in muffin pan in freezer (Fig. 1). Prepare 5 more balls. Freeze at least 3 hours.

2 Mix **1**, knead to soften dough. Divide in 6 pieces, roll until thin and slightly wider than balls (Fig. 2). Remove ball from freezer and fully wrap in dough (Fig. 3). Trim dough to avoid excessive overlaps. Re-freeze at least 3 hours. Repeat with each ball.

3 Heat oil to 400°F. Deep fry balls, one at a time, about 35 seconds, turning until crust is golden brown. Quickly remove, drain, and serve. If desired, pour on jam or honey.

Fig. 1

✥ *Un postre especial para ocasiones importantes.* ✥

1 *Forme una bola de helado de tamaño mediano, voltéela en el corn flakes y ponga en un molde para molletes en el congelador (Fig. 1). Prepare 5 bolitas más. Congele por lo menos 3 horas.*

2 *Mezcle* **1**, *amase para ablandar la masa. Divida en 6 porciones. Aplaste cada pedazo hasta adelgazarlo y que esté un poco más ancho que las bolitas (Fig. 2). Saque las bolitas del congelador y envuélvalas completamente en la masa (Fig. 3). Corte excesos de masa para disminuir los dobleces. Vuelva a congelarlas por lo menos 3 horas. Repita el proceso con cada bolita.*

3 *Caliente el aceite a 400ºF (205ºC). Fría las bolitas una a la vez como por 35 segundos dando vuelta hasta que la masa esté bien dorada. Saque rápidamente, escurra y sírvalas. Si lo desea, puede agregar encima mermelada o miel.*

Fig. 2

Fig. 3

Frozen Margarita
Margarita

makes 1 • *1 copa*

	1 lime wedge		1 rebanada de limón verde
	1 t. salt		1 c. sal
 1	2 oz. (60ml) tequila 1 oz. (30ml) Triple Sec 1 T. lime juice	1	2 oz. (60ml) tequila 1 oz. (30ml) Triple Sec 1 C. jugo de limón verde
	³/₄ c. crushed ice or 6 ice cubes		³/₄ tz. hielo raspado ó 6 cubos de hielo

≈ In Mexico, it's Margarita time. ≈

1 Rub rim of glass with lime wedge. Spread salt on flat surface and rotate rim of glass in salt to coat rim.

2 Place ① and ice in blender. Mix until ice is thoroughly crushed. Pour into prepared margarita glass.

≈ *Es hora para una Margarita en México.* ≈

1 *Frote el borde de la copa con la rebanada de limón. Extienda la sal en una superficie plana y dé vueltas el borde de la copa en la sal para cubrirlo de sal.*

2 *Coloque ① y el hielo en una licuadora. Mezcle hasta que el hielo esté completamente raspado. Vacíe en la copa ya preparada.*

Sangria
Sangría

serves 6 • *6 vasos*

	¹/₄ c. sugar		¹/₄ tz. azúcar
	1 T. cold water		1 C. agua fría
	4 c. red wine, chilled		4 tz. vino tinto, helado
1	¹/₂ c. ea: brandy, lemon juice, orange juice ¹/₂ ea: orange, lemon, and lime sliced	1	¹/₂ tz. c/u: brandy, jugo de limón, jugo de naranja ¹/₂ c/u: naranja, limón y limón verde en rebanadas
	1¹/₂ c. club soda, chilled		1¹/₂ tz. agua de seltz helada

≈ A refreshing punch for those hot summer days. ≈

1 Mix ① in large pitcher, stir until mix is blended, chill. When ready to serve, place ice cubes in glasses, add soda to pitcher, stir and pour into glasses.

≈ *Un ponche refrescante para esos calientes días de verano.* ≈

1 *Mezcle ① en una jarra grande, revuelva hasta que la mezcla esté unida, refrigere. Cuando vaya a servirla, coloque hielo en los vasos, agregue el agua de seltz en la jarra, revuelva y vacíe en los vasos.*

Frozen Daiquiri
Daiquirí

makes 1 • *1 copa*

1 1½ oz. (45ml) rum
½ t. sugar
2 t. lime juice

1 1¹/₂ oz. (45ml) ron
¹/₂ c. azúcar
2 c. jugo de limón verde

1 T. fruit or fruit flavored jam
½ c. crushed ice or
   5 ice cubes

1 C. fruta o mermelada de fruta
¹/₂ tz. hielo raspado ó
   5 cubitos de hielo

❧ **Served in many wonderful variations.** ❧

1 Place **1**, fruit (or jam), and ice in blender. Mix until ice is thoroughly crushed. Pour into cocktail glass. A "plain" frozen daiquiri can be made by not using the fruit or fruit jams.

❧ *Se sirve en muchas deliciosas variedades.* ❧

1 *Ponga **1**, la fruta (o mermelada) y el hielo en una licuadora. Mezcle hasta que el hielo esté completamente raspado. Vacíe en una copa de coctel. Puede preparar un daiquirí congelado "simple" excluyendo la fruta o mermelada.*

Tequila Sunrise
Tequila Sunrise

makes 1 • *1 vaso*

1 1¼ oz. (40ml) tequila, gold
1½ t. grenadine
1½ t. lime juice
¹/₃ c. orange juice

1 1¹/₄ oz. (40ml) tequila de oro
1¹/₂ c. granadina
1¹/₂ c. jugo de limón verde
¹/₃ tz. jugo de naranja

5 ice cubes

5 cubitos de hielo

❧ **For those who like a tasty fruity drink.** ❧

1 Mix **1** in 7 oz.(200ml) cocktail glass. Add ice cubes and stir. (A bubbly version can be made by using less ice and adding about 1/4 c. of chilled soda water such as Sprite or 7-Up.)

❧ *Para aquéllos que gustan una bebida sabrosa con sabor a fruta.* ❧

1 *Mezcle **1** en un vaso de 7 oz. (200ml) para cocteles. Agregue el hielo y mezcle. (Puede hacer una versión burbujeante de esta bebida usando menos hielo y agregando como 1/4 tz. de agua de seltz fría tales como Sprite ó 7-up.)*

Mexican Coffee
Café Mexicano

serves 4 • *4 porciones*

1 4 c. water
2 cinnamon sticks , 3" (7cm)
1½ T. instant coffee
2 T. orange juice
3 T. brown sugar

1 4 tz. agua
2 palitos de canela de 3"(7cm)
1¹/₂ C. café instantáneo
2 C. jugo de naranja
3 C. azúcar café

1 Combine **1** in pot. Bring to boil, remove heat and let stand for 2 minutes. Discard cinnamon sticks and pour mixture into individual serving cups. Add whipping cream if desired.

● For extra flavor, add dash of Kahlua in each cup.

1 *Combine **1** en una olla. Caliente hasta que hierva, apague el fuego y déjelo por 2 minutos. Saque la canela y vacíe el café en tazas individuales. Agregue crema batida si lo desea.*

● *Para aumentar el sabor, agregue un poquito Kahlúa en cada taza.*

INDEX

INDICE

95

WEI-CHUAN COOKBOOKS

CHINESE CUISINE

APPETIZERS, CHINESE STYLE
CHINESE COOKING MADE EASY
CHINESE CUISINE
CHINESE COOKING FAVORITE HOME DISHES
CHINESE COOKING FOR BEGINNERS [1]
FISH, CHINESE STYLE MADE EASY [2]
SHELLFISH, CHINESE STYLE MADE EASY [2]

CHINESE REGIONAL CUISINE

CHINESE CUISINE, BEIJING STYLE
CHINESE CUISINE, CANTONESE STYLE
CHINESE CUISINE, SHANGHAI STYLE
CHINESE CUISINE, SZECHWAN STYLE
CHINESE CUISINE, TAIWANESE STYLE

GARNISHES

CHINESE GARNISHES [3]
GREAT GARNISHES

HEALTHFUL COOKING

CHINESE HERB COOKING FOR HEALTH
CHINESE HOME COOKING FOR HEALTH
LOW-CHOLESTEROL CHINESE CUISINE
SIMPLY VEGETARIAN
VEGETARIAN COOKING

INTERNATIONAL CUISINE

INDIAN CUISINE
JAPANESE CUISINE [4]
KOREAN CUISINE
MEXICAN COOKING MADE EASY [5]

ONE DISH MEALS FROM POPULAR CUISINES [2]
SINGAPOREAN, MALAYSIAN, & INDONESIAN CUISINE
THAI COOKING MADE EASY [6]
VIETNAMESE CUISINE

RICE & NOODLES

CHINESE RICE & NOODLES
NOODLES, CLASSICAL CHINESE COOKING
RICE, CHINESE HOME-COOKING
RICE, TRADITIONAL CHINESE COOKING

SPECIALTIES

CHINESE DIM SUM
CHINESE SNACKS, REVISED
CREATIVE CHINESE OVEN COOKING
INTERNATIONAL BAKING DELIGHTS

COMPACT COOKBOOK SERIES

BEEF [7]
CHICKEN [7]
SOUP! SOUP! SOUP!
TOFU! TOFU! TOFU!
VEGETABLES [7]
VERY! VERY! VEGETARIAN!

VIDEOS

CHINESE GARNISHES I [8]
CHINESE GARNISHES II [8]

OTHERS

CARVING TOOLS

• ALL COOKBOOKS ARE BILINGUAL (ENGLISH/CHINESE) UNLESS FOOTNOTED OTHERWISE •

1. Also available in English/Spanish, French/Chinese, and German/Chinese   2. Trilingual English/Chinese/Spanish edition
3. Bilingual English/Spanish Only   4. Also available in Chinese/French   5. Also available in English/Spanish
6. Also available in English/French   7. English and Chinese are in separate editions   8. English Only

Wei-Chuan Cookbooks can be purchased in the U.S.A., Canada and twenty other countries worldwide
1455 Monterey Pass Road, #110, Monterey Park, CA 91754, U.S.A. • Tel: (323)261-3880 • Fax: (323) 261-3299

▼

味全叢書

中國菜系列	省份菜	拼盤·米·麵	健康系列	點心·烘焙·燒烤	異國風味	小食譜
中國菜	上海菜	拼盤與盤飾	養生藥膳	點心專輯	南洋菜	豆腐
速簡中國菜	四川菜	盤飾精選	養生家常菜	飲茶食譜	泰國菜 [4]	湯
實用中國菜 [1]	北京菜	米麵簡餐	均衡飲食	實用烘焙	越南菜	家庭素食
實用家庭菜	台灣菜	米食，家常篇	健康素	創意燒烤	印度菜	牛肉 [6]
美味小菜	廣東菜	米食，傳統篇	素食		韓國菜	雞肉 [6]
魚 [2]		麵，精華篇			日本料理 [5]	疏菜 [6]
蝦、貝、蟹 [2]					墨西哥菜 [3]	
					簡餐 (五國風味) [2]	

（如無數字標註，即為中英對照版）

1．中英、英西、中法、中德版   2．中英西對照版   3．中英版及英西版   4．中英版及英法版   5．中英版及中法版   6．中文版及英文版

▼

OTROS LIBROS DE WEI-CHUAN

EDICIONES EN ESPAÑOL

Adornos Chinos[1]
Cocina China Para Principiantes, Edición Revisada [1]
Cocina Popular de Un Solo Platillo [2]
Comida Mexicana, Fácil de Preparar [1]
Mariscos, Estilo Chino Fácil de Preparar [2]
Pescado, Estilo Chino Fácil de Preparar [2]

---

1. Disponible en ediciones bilingües Inglés/Español
2. Edición trilingüe Inglés/Chino/Español

Los Libros de Cocina Wei-Chuan se pueden comprar en E.E.U.U.,
Canadá y otros 20 países a través del mundo.

▼

PLUS DE PUBLICATIONS DE WEI-CHUAN

EDITION EN FRANÇAIS

Cuisine Chinoise Pour Débutants [1]
Cuisine Thailandaise Facilitée [2]
La Cuisine Japonaise [1]

---

1. Edition Chinoise/Française
2. Edition Anglaise/Française

Les livres de cuisine Wei-Chuan Peuvent être achetés aux Etats-Unis,
Canada et ving autres pays du monde.